単位が取れる マクロ経済学ノート

石川秀樹

Ishikawa Hideki

講談社サイエンティフィク

まえがき

　経済学は文系の科目と位置づけられていますが，数式やグラフは多いし，専門用語だらけなので，理解がむずかしく「単位がとれるのだろうか？」と心配する学生が多い科目です。そこで，この本は，「短時間で経済学の単位をとることができ，あわよくば，1つでも上のグレードの成績をとることができるように」との思いから企画されました。
　その思いを実現するために，直感的理解を大切にし，重要ポイントにしぼって，ていねいに説明しています。そして，各回の最後に，穴埋め，記述問題，用語説明などの演習問題を用意し，知識の定着をはかるとともに，解答力をつけることができる構成になっています。

直感的理解を重視

「ようするに○○ということ！」という直感的な説明によって理解してもらえるように解説しました。もちろん，直感的な理解だけでは試験で十分な点がとれませんから，専門用語，グラフ，数式もていねいに説明しますのでご安心ください。

重要ポイントに絞って丁寧に解説

　通常のマクロ経済学のテキストには，この本でとりあげた論点のほかに，国際経済や経済成長などの論点が多数もりこまれています。しかし，実際には，マクロ経済学とか経済原論という名前がついた多くの講義では，授業時間が足りないことから，この本であつかう範囲くらいしかやりません。そこで，この本は，多くの講義がとりあつかう範囲，すなわち，試験範囲に限定して，試験でとりあげられる回数の多い重要ポイントをとりあげることにしました。
　この本でとりあげた重要ポイントは，単に大学の試験だけではなく，公務員試験や資格試験でも重要とされるポイントですし，現実経済を考える際にも必要とされるものですから，将来的にも有益です。

各回の最後に，穴埋め・記述問題・用語説明などの演習問題

　理解度をチェックするために，講義の各回の最後に演習問題をつけました。問題の形式も，空欄の穴埋め形式，用語説明，本格的な記述形式，選択式，といろいろなパターンをとりいれ，解答力もつけることができるように配慮しました。

　つぎに，勉強方法についてのアドバイスを3点ほどお話しします。

アドバイス①　難しい言葉はやさしい言葉でいいかえて理解しよう！

　「ようするに○○ということ！」という納得感を大切にしてください。

アドバイス②　マクロ経済ははじめが肝心！

　マクロ経済学の最重要論点であるIS-LM分析（10回から13回）は，3回から6回で学ぶ生産物市場と7回から9回で学ぶ貨幣市場の知識を前提としています。ですから，前半の講義がわからなくなると後半の重要な論点が理解できなくなるおそれがありますから，はじめから気を抜かずにがんばりましょう。

アドバイス③　過去問を入手し傾向をつかもう

　可能であれば，この本をよむ前に，過去問（過去に出題された問題）を集めて，問題の形式や出題された論点を確認しておきましょう。そうしておけば，この本をよんでいても，「あっ，ここは去年でた」とか「○○先生は用語説明の問題が多いから，とくに，用語説明の問題はきちんと書けるように気をつけよう」と意識してよみすすめることができるので，試験傾向にあわせた勉強ができるとともに，集中力があがり効率的な勉強ができます。

　それでは，この本を読んで，皆さんが無事に単位を取得されることをお祈りしています！　そして，「マクロ経済学を勉強すると現実経済のしくみがわかってきてけっこう楽しい！」と感じていただければ，これにまさる幸せはありません。

目次

単位が取れるマクロ経済学ノート CONTENTS

講義			PAGE
講義	01	古典派とケインズ派	6
講義	02	GDP・物価・三面等価の原則	17
講義	03	生産物市場の需要（Y^D）	33
講義	04	国民所得（GDP）の決まり方	46
講義	05	インフレギャップ・デフレギャップ	57
講義	06	乗数	66
講義	07	貨幣と債券	77

			PAGE
講義	**08**	利子率の決定	85
講義	**09**	金融政策の手段と効果	97
講義	**10**	IS-LM 分析 ① IS 曲線	109
講義	**11**	IS-LM 分析 ② LM 曲線	117
講義	**12**	IS-LM 分析 ③経済政策の効果	123
講義	**13**	初期ケインジアン	134

ブックデザイン────**安田あたる**

講義 LECTURE 01 古典派とケインズ派

　さぁ，これからマクロ経済学の講義をはじめましょう。第1回の講義では，マクロ経済学の勉強に必要となる予備知識と，これから勉強することのあらまし（全体像）を説明します。この部分はテストにだす先生とださない先生がいますが，第2回以降の講義の基礎となるのでしっかり聞いて（読んで）くださいね。

●マクロ経済学とミクロ経済学

　大学の講義でマクロ経済学とミクロ経済学とあるように，経済学は大きくマクロ・ミクロの2つにわかれます。ミクロとは「とても細かい」という意味で，**ミクロ経済学**とは細かいことを分析する経済学のことです。具体的には，「消費者はどのようにして物を買うのか」，「企業はどのようにして生産量を決めるのか」とか「りんごの価格はどう決まるのか」などを考えます。これにたいして，マクロとは「全体的な」という意味で，**マクロ経済学**とは全体的なことを分析する経済学，具体的には「不況を克服するにはどうすればよいか」とか「どうして失業が発生す

> 経済が好ましい状態にあることを**好況**あるいは**好景気**，
> 好ましくない状態にあることを**不況**あるいは**不景気**といいます。

るのか」など，一国経済全体のことを考えます。

マクロとミクロ

マクロ経済学　全体的な　→　一国経済全体を分析する

ミクロ経済学　細かい　→　個別の消費者や企業の行動などを分析する

●経済主体と経済循環

　この講義で勉強するマクロ経済学では一国経済を考えるのだとわかったところで，経済主体と経済循環について説明しましょう。経済主体とか経済循環というとむずかしそうですが，経済主体とは登場人物，経済循環とは登場人物どうしの関係と考えるとわかりやすいでしょう。

　この講義での主な登場人物は，家計・企業・政府・中央銀行・外国の5つです。家計とは生計をともにする最小集団のことで世帯のことです。典型的な世帯では，お父さんが給料をもらってきて，それをお母さんや子供がいっしょにやりくりするので家計となります。企業や政府については，すでにみなさんがイメージをもっていると思います。**中央銀行**とは現金である紙幣を発行できる銀行をいい，日本では日本銀行です。外国は，ここでは外国の政府だけではなく個人や企業を含むものとします。

　そして，これらの登場人物（経済主体）が，生産物市場，貨幣市場，労働市場という3つの市場で取引をおこないます。これを図にしたのが図1-1の経済循環図です。**生産物市場**とは，わたしたちが購入するモノやサービスの取引をおこなう市場の総称で，**財市場**ともよばれます。**貨幣市場**は，現金や預金などの貨幣の取引がおこなわれる市場の総称です。

図表 1-1 ●経済循環図

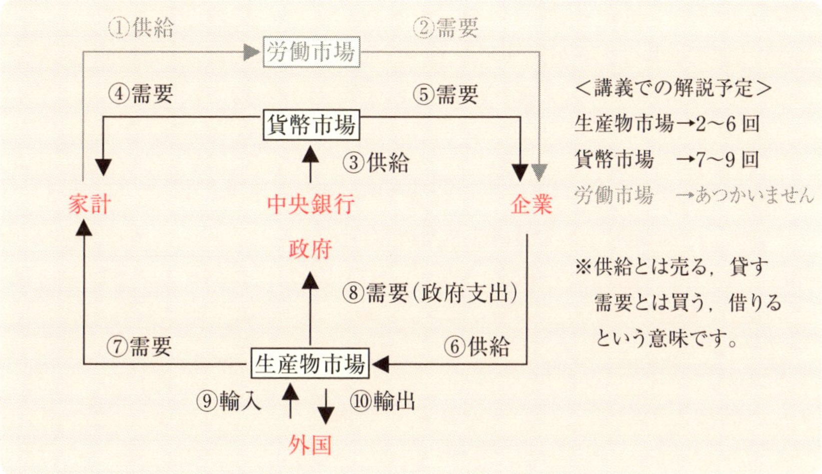

```
         ①供給              ②需要
      ┌─────→ 労働市場 ←─────┐
      │                        │
   ④需要      ⑤需要            
      ↓    貨幣市場    ↓        ＜講義での解説予定＞
      │      ↑③供給   │        生産物市場→2～6回
      │      │         │        貨幣市場　→7～9回
     家計  中央銀行   企業       労働市場　→あつかいません
             政府
                ⑧需要（政府支出）
      ⑦需要              ⑥供給    ※供給とは売る，貸す
      ↓    生産物市場 ←─┘          需要とは買う，借りる
                ↓                    という意味です。
           ⑨輸入↑↓⑩輸出
                外国
```

労働市場は労働サービスの取引がおこなわれる市場のことをいいます。

　それでは，図表1-1の説明をしましょう。①**家計**は労働市場で労働サービスを供給し（大学生なら就職活動をおこない），②**企業**は労働サービスを需要します（企業は学生を採用します）。③**中央銀行**は貨幣市場において貨幣を供給し（現金である紙幣を発行し），④⑤家計も企業も貨幣を需要します（現金や預金を保有します）。この貨幣市場はイメージしにくいかも知れませんが，くわしくは第8回の講義で説明します。⑥企業は生産物市場においてモノやサービスを供給し（売り），⑦家計はモノやサービスを需要し（買い）ます。⑧**政府**も政府支出という形でモノやサービスを需要します。⑨**外国**で生産したモノは輸入という形で日本の生産物市場への供給となり，⑩外国人が日本製品を需要する場合，日本からみると輸出となります。

　登場人物の関係（図表1-1）についての説明は，第2回以降の講義でくわしく説明しますのでこのくらいにして，いよいよ，今回の講義のメインとなる「古典派とケインズ派」の説明をしましょう。古典派とケインズ派は，経済学における大きな2つの流れを形成しているので，この2つの考え方がわかれば経済学の全体像がわかるようになります。

●古典派──アダム・スミス以来の正統派

　それでは，ケインズ派と並ぶ二大派閥の1つ，古典派から説明しましょう。**古典派**とは，経済学の父といわれる**アダム・スミス**以来の正統派経済学で，ひと言でいえば「経済は市場の自由な取引にまかせておけば社会的に望ましい状態になる」と考えます。経済問題の解決を政府ではなく市場の自発的取引によって解決することを**市場経済**といいますが，まさしく，古典派は市場経済を主張したのです。アダム・スミスらの当初の古典派は一国経済全体のマクロ経済も議論していましたが，その後は企業や家計の行動などのミクロ経済学を中心に発展していきました。

　では，なぜ市場の自発的取引にゆだねると社会的に望ましいのかというと，価格の調整によって，売れ残りや物不足などの不便な状態が解消されるからなのです。このことを具体例でくわしく説明しましょう。い

ま，企業が売り手（供給者），家計が買い手（需要者）である商品の市場を考えることにしましょう。

まず，この商品の市場において企業の売りたい量（供給量）は合計で1000個で，家計の買いたい量（需要量）は800個であったとしましょう。

> このように，供給量が需要量よりも多く売れ残りが生じていることを**超過供給**といいます。

このとき企業は1000個売りたいと思ってつくったのに800個しか買ってもらえないので，200個だけ売れ残ってしまいます。しかし，ここで古典派は，売れ残りがある場合は価格がどんどん下がっていくと考えます。そして，価格が下がれば，たくさん買ってもらえるようになるので売れ残りは解消するというのです。売れ残りが解消するということは，企業の売りたいという量（供給量）と家計の買いたいという量（需要量）が等しくなるということです。つまり，企業は売りたいという量をすべて売ることができ，家計は買いたいという量をすべて買うことができるという意味で社会的に望ましい状態が実現するのです。

> 売れ残りという企業にとって都合の悪い状態が解消されています。

以上を経済学的に表現すると「ある市場において超過供給が生じている場合，価格が下落することによって超過供給は解消し，需要量と供給量は等しくなる」となります。

このように，古典派の世界ではたくさん生産して売れ残り（超過供給）が発生しても，価格の下落によって必ず売れ残りは解消するので，生産し供給さえすれば必ず買ってもらえます。このことをセイという経済学者は「供給はみずから需要を創り出す」といいました。

> **セイの法則**といいます。

逆に，市場において供給量（売りたい量）が1000個，需要量（買いたい量）1200個と需要量のほうが多い場合について考えましょう。

> このように需要量が供給量より多いことを**超過需要**といいます。

このとき，企業は1000個しか売らないのに家計は1200個買いたいので，200個分は買いたいのに買うことができないという困った状況になります。この場合，古典派は200個だけ物不足なのだから価格がどんどん上

昇していくと考えます。そして，価格が上がれば需要量は1200個から減っていくので，やがて超過需要（物不足）は解消するのです。つまり，売りたい量（供給量）と買いたい量（需要量）は等しくなり，社会的に望ましい状態が実現するのです。

⮤ 物不足（超過需要）という家計にとって困った状態は解消されます。

これを経済学的に表現すると「ある市場において超過需要が生じている場合，価格が上昇することによって需要量が減少し，超過需要は解消する」といいます。

では，図表1-2に古典派の考えを整理しておきましょう。

図表1-2 ●古典派の考え方

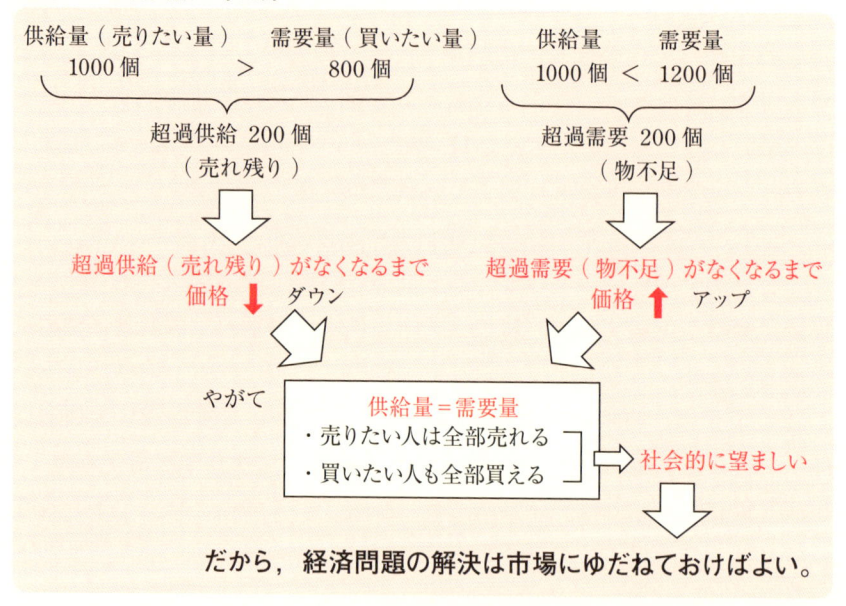

供給量（売りたい量）	需要量（買いたい量）	供給量	需要量
1000個 > 800個		1000個 < 1200個	

超過供給 200個（売れ残り）　　　　超過需要 200個（物不足）

超過供給（売れ残り）がなくなるまで　　超過需要（物不足）がなくなるまで
　　　　価格 ↓ ダウン　　　　　　　　　　　価格 ↑ アップ

やがて

供給量＝需要量
・売りたい人は全部売れる
・買いたい人も全部買える
→ 社会的に望ましい

だから，経済問題の解決は市場にゆだねておけばよい。

古典派の図1-2の考えはモノやサービスの市場だけではなく，労働市場においてもあてはまります。労働市場においては，労働サービスの供給者が家計であり，労働サービスの需要者が企業となります。

⮤ 通常のモノやサービスとは需要者と供給者が逆になっているので注意！

いま，景気が悪いために企業の労働需要量が800人しかなく，働きたいという労働供給量1000人より少なかったとしましょう。このとき，供

給量は 1000 人ですが需要量は 800 人なので 200 人だけ超過供給となってしまっています。これをわかりやすく説明すると，働きたいという労働者のうち 800 人しか就職できず，残り 200 人は職につくことができません。つまり，この 200 人は**失業**してしまうのです。

> 失業の中でも，このように働きたいのに働けない状態を**非自発的失業**といいます。

いい方は悪いのですが，失業とは労働市場における超過供給（売れ残り）なのです。そして，古典派の考えでは，超過供給（売れ残り）である失業がなくなるまで労働市場における価格が下がり，働きたいという

> 労働市場における価格は**賃金率**です。
> 賃金率とは，時給，月給など単位時間あたりの賃金です。

供給量と雇いたいという需要量が等しくなります。つまり，働きたいという労働者は全員就職することができ，雇いたいと考える企業も雇いたい人数だけ雇うことができる，社会的に望ましい状態になるのです。

> 失業という超過供給がなくなりました！

このように，古典派はモノやサービス同様に労働についても市場にまかせておけば，労働市場における価格である賃金率による調整によって失業は解消し，望ましい状態になると考えるのです。

● 古典派の考えでは説明できない世界大恐慌

ところが，古典派の考えでは説明できない事態がおこりました。1929 年，ニューヨークの株価大暴落に端を発した世界的な深刻な不況，**世界大恐慌**です。この世界大恐慌のときには，モノはぜんぜん売れなくなり，企業が生産量を大幅に減らし従業員を解雇した結果，大量の失業が発生しました。

> 世界大恐慌のときの失業率は，欧米，日本とも 20% を超えていました。4〜5 人に 1 人が失業していたのです。

古典派の考えでは大量の失業が発生しても，失業がなくなるまで賃金率が下落するので問題ないということになるのですが，そうはならず，大量失業がつづいてしまったのです。

なお，「古典派」とよんでいますが，世界大恐慌発生時には古典派は当時の正統派経済学で，まだ古典派とはよばれていません。つまり，世

界大恐慌発生当時の正統派経済学は，20％を超える失業率が生じている深刻な事態をうまく説明できず，失業解消のための有効な対策を考えることもできなかったため，人々の信用をうしなっていったのです。

●世界大恐慌を説明し，対策も考えたケインズ

このように，正統派経済学がうまく説明できなかった世界大恐慌のおこるメカニズムを説明し，さらに，大量失業を解消するための対策を考えたのが**ケインズ**です。ケインズは1936年に「**雇用・利子および貨幣の一般理論**」という著書の中で，いままでの正統派経済学を古典派とよび，この古典派とは異なる経済学の考え方を創り上げたのです。

それでは，ケインズの考え方を世界大恐慌のときの大量失業の発生の説明に焦点をあてて，単純化して説明しましょう。古典派は大量失業があっても失業がなくなるまで賃金率が低下し，やがて失業はなくなると考えましたが，ケインズは賃金率は下落しないと考えます。つまり，失業が生じていても，現実の世界では賃金率は下がりにくいので，そう簡

賃金率が下がりにくいという性質を**賃金率の下方硬直性**といいます。

単には失業はなくならないと考えたのです。これを図表1-3をつかって

図表1-3 ●古典派とケインズの考え（労働市場）

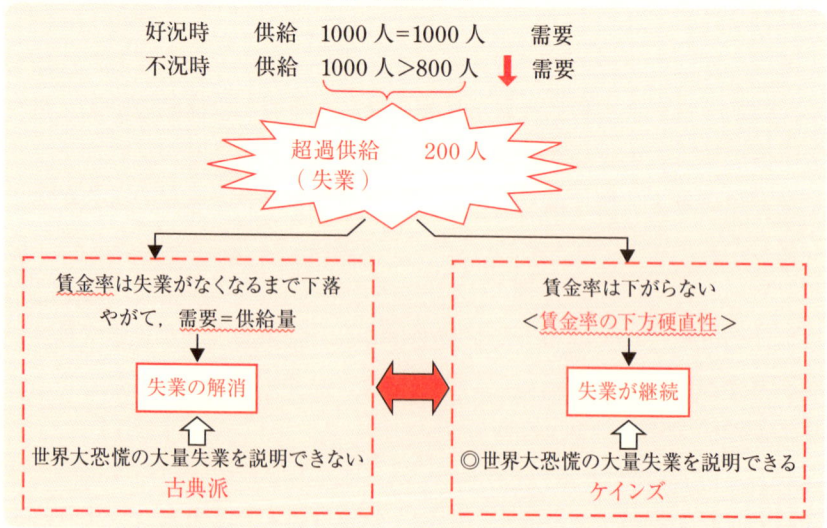

好況時	供給	1000人＝1000人	需要
不況時	供給	1000人＞800人	需要

超過供給（失業）　200人

賃金率は失業がなくなるまで下落 やがて，需要＝供給量	賃金率は下がらない ＜賃金率の下方硬直性＞
失業の解消	**失業が継続**
⇧ 世界大恐慌の大量失業を説明できない **古典派**	◎世界大恐慌の大量失業を説明できる **ケインズ**

整理しておきましょう。

図表1-3において，当初は好況（好景気）で，労働市場における供給量（働きたいという人数）と需要量（雇いたいという人数）が1000人でおなじだったとします。ところが，株価の大暴落などが原因となって，モノが売れなくなり，企業は労働者が1000人も必要ではなくなり，800人に雇用量（需要量）を減らしたとしましょう。すると働きたい労働者（供給量）は1000人ですが需要量は800人ですから，200人だけ超過供給，つまり，失業してしまいます。

古典派は，200人の失業が発生しているのであれば，賃金率がどんどん下がっていき，やがて失業は解消すると考えます。

これにたいし，ケインズは，古典派が主張するほどには賃金率が下落しないので，失業がつづいてしまうのだと考えました。そして，失業を解消するにはモノやサービスへの需要を増やせばよいのだと主張しました。なぜなら，そもそも企業の労働需要量が減ったのは，不況になって人々が企業の生産したモノやサービスを買わなくなったからなのです。つまり，

モノ，サービスの需要↑ ⇨ 企業の生産量↑ ⇨ 企業の労働需要量↑ ⇨ 失業解消

というルートを考えたのです。このように，需要の大きさによって生産量や雇用量が決まるという考えをケインズの**有効需要の原理**といいます。

有効需要の原理は非常に重要なポイントです。

そうはいっても，世界大恐慌のような深刻な不況のときにモノを買う人は少ないので，需要はなかなか増えないでしょう。そこで，政府が公共工事などの政府支出によって需要を増やせばよいとケインズは考えたのです。

「不況のときに公共工事をやるのってあたり前では？」と思うかもしれませんが，それは，いまではケインズの考えがあたり前になるほど浸透しているということなのです。

古典派がセイの法則で「供給はみずから需要を創り出す」，と生産しさえすれば売れると考えているのにたいして，ケインズの有効需要の原理

は，需要（お客さんの注文）さえ増えれば生産は後からついてくる，とまったく逆に考えているのです。

古典派とケインズ

古典派　　セイの法則　　「供給はみずから需要を創り出す」
　　　　　　　　　　　　　　↕
ケインズ　有効需要の原理　「需要の大きさによって生産量や雇用量が決まる」

●ケインズ理論をわかりやすく説明したケインズ派

　ケインズは賃金率が下がらないという前提をおいて，不況のときに失業が発生し継続することを説明したのですが，モノやサービスの価格や物価については，下がらないという前提をおいていませんでした（マクロ経済では，価格ではなく価格を平均した**物価**をつかいますが，これについては次回（第2回）の講義でくわしく説明します）。

　しかし，その後，ケインズ理論を受け入れ，ケインズ理論をわかりやすく説明しようとした学者の中には，賃金率だけではなく物価も下がりにくいという前提をおいて説明する方法を考えだす者もいました。

（ケインズの考えを支持する学者をケインズ派，あるいはケインジアンとよびます。）

（物価の下方硬直性といいます。）

この本の講義でこれから説明する理論は，物価一定を前提とするケインズ派の理論なのです。

　それでは，価格や物価を一定として議論をすすめるケインズ派と古典派のちがいを，図表1-4で説明しましょう。こんどは労働市場ではなく，りんごや自動車などの生産物市場の話です。好況時には需要量が1000個でしたが，不況になって需要量が800個に減少したとします。

　企業の売りたい量（供給量）は1000個ですから，200個だけ売れ残り（超過供給）がおこります。

図表1-4 ●古典派とケインズ派（生産物市場）

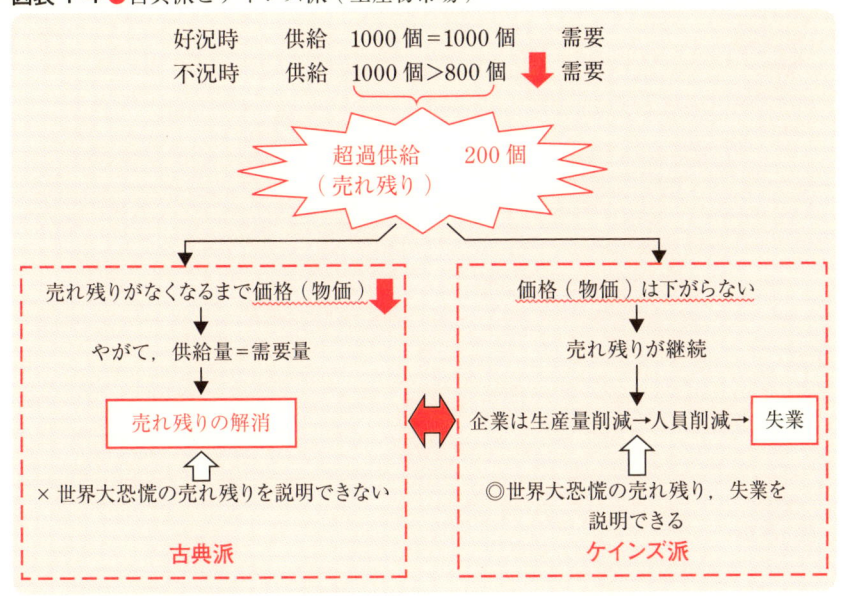

```
好況時    供給 1000個＝1000個    需要
不況時    供給 1000個＞800個     需要
              超過供給  200個
              （売れ残り）
```

【古典派】
売れ残りがなくなるまで価格（物価）↓
↓
やがて，供給量＝需要量
↓
売れ残りの解消
↑
× 世界大恐慌の売れ残りを説明できない

【ケインズ派】
価格（物価）は下がらない
↓
売れ残りが継続
↓
企業は生産量削減→人員削減→失業
↑
◎世界大恐慌の売れ残り，失業を説明できる

　古典派は売れ残り（超過供給）がなくなるまで価格が下落し，やがて需要量と供給量が等しくなります。

　これにたいし，ケインズ派は売れ残りがあっても価格が下落しないので，売れ残りは解消しません。企業にしてみれば200個売れ残ることがわかっているのに1000個生産し供給しても意味がないので，需要量が1000個から800個に減ったのに合わせて，生産量（供給量）も800個に減らします。800個しか生産しないのであれば，1000個生産するだけの工場や従業員は必要ないので，リストラ（工場閉鎖・人員削減）をおこないます。その結果，失業が発生します。つまり，

不況で生産物への需要↓ ⇨ 企業の生産量↓ ⇨ 労働需要量↓ ⇨ 失業発生

というルートで不況時には失業がおこるのです。このルートで考えると，失業を解消するためには，政府支出という形で生産物への需要を増やせばよいということになるのです。

　では，第1回講義のさいごに演習問題です。

演習問題 1-1

つぎの文の□を埋めなさい。

① 派は，価格や物価の伸縮性を前提とし，「② はみずから需要を創り出す」という ③ の法則に代表される。これにたいし，④ は ⑤ の下方硬直性を前提とし，「⑥ が生産量や雇用量を決定する」という ⑥ の原理を主張した。さらに ④ 派は ⑤ だけではなく ⑦ の下方硬直性も仮定する。

解答

①古典　②供給　③セイ　④ケインズ　⑤賃金率　⑥有効需要　⑦物価（価格）

演習問題 1-2

つぎの用語を説明しなさい。
（1）セイの法則
（2）有効需要の原理

解答

（1）供給はみずから需要を創り出すという古典派のセイの考え。
（2）有効需要の大きさが生産量，雇用量を決定するというケインズの考え。

講義 02 LECTURE GDP・物価・三面等価の原則

　前回の講義で、マクロ経済学は一国経済全体を分析するのだということを勉強しましたが、今回は、一国経済全体といったときにその生産量などをどのように合計するのかとか、価格をどのように平均するのかということについて学びます。

●GDP（国内総生産）

　まず、一国の生産量について考えましょう。たとえば、自動車10万台、りんご50万個を生産した国があるとしましょう。このとき、自動車10万台とりんご50万個を足して、生産量＝10万＋50万＝60万とすることはできません。なぜなら、自動車の単位は台、りんごの単位は個で、単位がちがうものは足せないからです。そこで、一国経済全体の生産量を計算する際には、自動車もりんごも金額になおしてから合計します。金額になおせば、自動車の生産量もりんごの生産量も単位は円なので合計することができます。このように、一国の生産量を金額になおして計算しようというのがGDP（国内総生産）です。

　GDP とは、Gross Domestic Product の略で、Gross は「総」で「不純物をふくんでいる」、Domestic とは「国内」、Product は「生産」を（固定資本減耗というものを引かずにふくんでいるのですが、のちほど説明します。）意味し、**国内総生産**と訳されます。GDPの計算にはいくつかの計算ルールがあり、試験でもよくだされるのでしっかりとおさえましょう。

　GDPを正確に定義すると、「①国内で、②一定期間に、③生産された、（言葉の意味をはっきりさせるという意味です。）④固定資本減耗を差し引いていない、⑤市場価格で計算した、⑥付加価

値の合計」となります。①〜⑥まで全部が重要な計算ルールなので，1つずつ説明していくことにしましょう。

①国内で

GDP（国内総生産）は，ある国の国内で生産されたものを合計する

（モノやサービスのことで，生産物や財とよばれます。）

のですが，「国内」はそのままの意味なので説明は省略します。

②一定期間に

通常は1年間の生産ですが，半年や3ヵ月の生産量を計算することもあります。

③生産された

GDPは国内総生産ですから，生産によらない儲けなどはふくみません。ですから，株式価格が上昇して多くの人々が利益を得たとしても，その利益は生産によるものではないのでGDPの計算には入れません。

しかし，だからといって，株式や土地などの資産価格が上昇してもGDPが増えないといっているのではありません。「株式や土地などの資産価格上昇→それにより人々が利益をあげる→利益をあげた人がいろいろなものを買う→企業の注文が増える→企業の生産量増加」という形で

（消費の増加）　（需要の増加）　（増産と略すことも）

生産が増加するのでGDPも増えるのです。つまり，株価上昇による儲けそのものはGDPに計算されませんが，儲かった人が消費を増やせば，それに応じた企業の生産も増えることによってGDP（国内総生産）も増えるのです。

④固定資本減耗を差し引いていない

GDPのGはGross（グロス）を意味し，日本語では国内総生産の「**総**」にあたります。「総」とあるので合計を意味していると思う人が多いの

ですが，そうではありません。そもそも，マクロ経済学は国全体の経済をあつかうものなので，数量をあらわすデータのほとんどは合計した値になります。合計だからといって「総」をつけるとなると，ほとんどのデータに「総」がついてしまい意味がなくなってしまいます。

　じつは，「総」とは，「不純物を引いていない」という意味なのです。
（この感覚は「粗」のほうがイメージに合うと思います。）
ここで引いていない不純物が固定資本減耗なのです。**固定資本減耗**とは，機械や工場などの価値が生産によってだんだんと減っていくことをいいます。日本の場合，1年間のGDPは500兆円くらいですが，固定資本減耗が100兆円程度あります。つまり，500兆円の価値を生産するために100兆円分だけ機械がこわれたり磨り減ったりしているのです。

　ですから，GDP500兆円で1年間に500兆円分の価値を生産して稼いでいるといっても，じつは100兆円分は機械の価値が減って損をしているわけなので，国全体の所得という意味ではそのぶんを差し引くべきなのです。この理屈にそって，GDPから固定資本減耗を差し引いたものを**NDP**（Net Domestic Product：**国内純生産**）とよびます。**Net**とは「不純物を差し引いた」という意味で，日本語の「純」にあたります。「Gross」（総）の反対語です。

GDPとNDP

NDP（国内純生産）＝ GDP（国内総生産）－固定資本減耗

　　　　　　　　　　　　　　　　　　　生産によって機械が古くなって
　　　　　　　　　　　　　　　　　　　　　　生じた損失など

　だったら，GDPをつかわずに，固定資本減耗を引いたNDPをつかえばよいではないかという意見もでてきそうです。しかし，固定資本減耗は正確に金額を把握できないので，固定資本減耗を引く必要がない
（日本中の機械の価値が1年間で何円分価値が減少したかを正確に計算できないということです。なお，固定資本減耗は，会計学では減価償却といいます。）
GDPをつかうのです。

⑤市場価格で表示した

　GDPの計算では，生産した価値の大きさ（金額）を市場価格であらわします。たとえば，ガムを105円で販売したときには105円という市場価格とおなじ価値があると考えるのです。これは，常識的なことなのでわかりやすいと思います。

　この市場価格で計算するというルールにしたがうと，市場取引がない（自発的に売り買いすることとイメージしてください。）ものは価格がないのでGDPの計算には入れません。ですから，主婦の家事労働やボランティア活動は有料ではないので市場価格がなく，GDP（おなじ家事を家政婦さんが有料でおこなうと価格があるのでGDPの計算に入れます。）の計算には入れません。

　しかし，市場価格がなくても，例外的にGDPの計算に入れることもあります。その代表的なものが，帰属家賃・農家の自家消費・公共サービスです。

例外1　帰属家賃

　帰属家賃とは，持ち家をもっている人に帰属する家賃ということです。持ち家をもっている人は，自分が大家でもあり賃借人でもあるような存在です。ですから，賃借人である自分から大家でもある自分へ家賃を払ったことにして，GDPの計算に加えようというのです。

　ところで，なぜ，このようなことをするのかというと，おなじ住宅であっても貸家の場合，毎月の家賃（たとえば10万円）が市場価格としてあるのでGDPの計算に加えるのに，自宅になったとたんに，家賃という市場価格がないのでGDPの計算に入れない，というのはおかしいからです。どちらも，居住空間を提供するという価値を毎日生産しつづけているのです。

（生産というとあくせく働くというイメージがあるかもしれませんが，不動産の場合，1回つくってきちんと維持・管理をしていれば，住宅空間やオフィス空間を生産しつづけてくれていると考えます。）

|例外2| 農家の自家消費

　農家が自分で生産したものを自分の家で食べるときには，自分が供給者（売り手）であり需要者（買い手）でもあるのですが，自分から自分にお金を払ったりしないので，市場価格はありません。しかし，自分で消費した分も生産しているのですから，市場価格で計算してGDPに加えます。

（農家が売りにだした価格があるのでその価格をつかいます。）

|例外3| 公共サービス

　警察・消防などの公共サービスは無料で提供され，価格がないのが一般的です。ですから，ルールどおりであれば，市場価格がないのでGDPの計算には入れないのですが，例外的に，公共サービスの提供にかかった費用で計算します。たとえば，1年間に10億円の費用がかかった消防署が1年間に生み出す公共サービスの価値は10億円，と計算するのです。

　このように，かかった費用で計算してしまうと，費用だけかかってほ

（要素費用表示といいます。）

とんど働いていなくても価値を生産したことになってしまうのですが，客観的に計算できるものとしては費用くらいしかないので，やむをえずかかった費用で計算するのです。

⑥付加価値の合計

　さいごにGDPは生産額ではなく付加価値の合計だということについて図表2-1をもちいて説明しましょう。わたしはF社のパソコンを12月に買いましたので，パソコンを例に説明しましょう。ここでは，話を簡単にするために，電気屋さんは無視し，わたしはF社から直接パソコンを買ったことにし，また，F社はパソコンを製造する際に，パソコンの心臓部にあたるCPUをインテルから，Windows Vista®，ワード®，エクセル®，をマイクロソフトから購入し，それいがいは自社で生産したとします。そして，F社がインテルとマイクロソフトから仕入れたも

図表 2-1 ●付加価値とは？

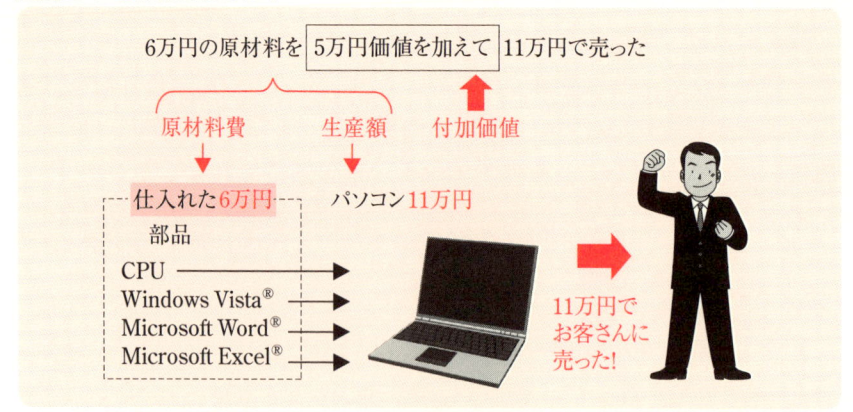

6万円の原材料を 5万円価値を加えて 11万円で売った

原材料費　生産額　付加価値

仕入れた6万円　パソコン11万円
部品
CPU
Windows Vista®
Microsoft Word®
Microsoft Excel®

11万円で
お客さんに
売った！

のは合計で6万円だったとし，すべて日本国内で生産され，日本国内では1年間にこのパソコン1台しか生産しなかったと仮定しましょう。

> そんなことあるわけないのですが，単純化して説明をわかりやすくするというのは，経済学がよく採用する方法なので慣れておきましょう。

　ここで，この国の売上の合計を計算すると，インテルとマイクロソフトがF社に6万円売り上げており，F社は私に11万円売り上げているので

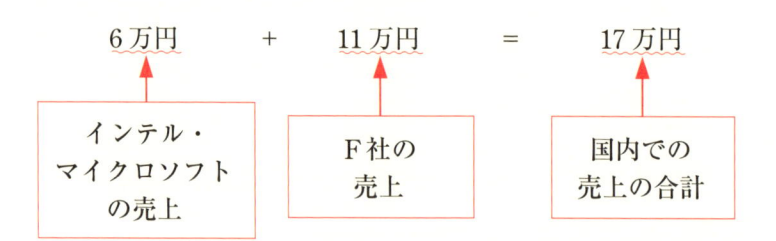

6万円　＋　11万円　＝　17万円

インテル・マイクロソフトの売上　　F社の売上　　国内での売上の合計

となります。また，売上は生産額，産出額といわれることもあります。
　では，この国のGDP（国内総生産）は17万円と計算してよいでしょうか？　それは間違いです。なぜなら，この国では1年間に11万円のパソコン1台しか生産しなかったのですから，GDPは11万円のはずだからです。つまり，17万円では，パソコン1台11万円より6万円だけ大きくなっているのです。これは，原材料にあたるインテルとマイクロ

ソフトの生産したぶんが2重計算されていることによります。F社は11万円分のパソコンを生産しましたが，11万円のうち6万円分は，インテルやマイクロソフトが生産したものですから，F社が生産したものではありません。F社の生産した価値は，11万円の売上から6万円の原材料費を引いた5万円です。つまり，CPUやソフトウェアを6万円で仕入れて5万円の価値を生産して**付け加えて**11万円で売ったのです。ですから，このF社の生産した5万円の価値を**付加価値**とよびます。

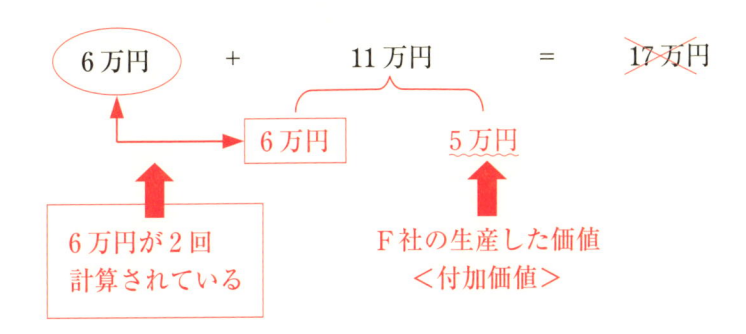

```
   6万円    +    11万円    =    17万円
                  ┌──────┴──────┐
                 6万円          5万円
                  ↑              ↑
            6万円が2回      F社の生産した価値
            計算されている      <付加価値>
```

ようするに，売上や生産額を合計すると原材料費が2重計算されるので，それを避けるために，GDPの計算では付加価値を合計するのです。

GDPは付加価値を計算

売上・産出額・生産額の合計→原材料の2重計算→付加価値の合計

さて，ようやくGDPの定義の説明が終わりましたので，整理しておきましょう。

```
┌─────────────────────────────────────────────────────┐
│ ▍      ＧＤＰ（国内総生産）                          │
│ ①国内で                                             │
│ ②一定期間に                                         │
│ ③生成された ────────→ ×株の値上がり益              │
│ ④固定資本減耗を差し引いていない                     │
│ ⑤市場価格で計算した ────→ 主婦の家事労働　ボランティア│
│                    ＜例外＞帰属家賃　自家消費　公共サービス│
│ ⑥付加価値の合計 ────────→ 売上　生産額　産出額    │
└─────────────────────────────────────────────────────┘
```

●GDP の GNP（GNI）のちがい

　GDP（国内総生産）は，国内という場所に注目しますが，**GNP（国民総生産）**は，国民という人に注目します。

（Gross National Product の略です。）

GNP（国民総生産）は，①国民が，②一定期間に，③生産した，④固定資本減耗を差し引いていない，⑤市場価格で計算した，⑥付加価値の合計，と定義でき，GDP とは①だけがちがいます。

　ところで，国民とは通常はその国の国籍をもつ人をさすのですが，GNP の計算ではそうではなく，「1年以上その国に居住する人」をさします。ですから，日本人メジャーリーガーは1年以上アメリカに居住するので，GNP の計算ではアメリカ国民とみなされ，かれらの生産した価値（所得）はアメリカの GNP に計算されるのです。

　この GNP（国民総生産）は現在では **GNI（Gross National Income：国民総所得）**とよばれるものになっています。

　なお，昔は GNP がよくもちいられていたのですが，最近では GDP（国内総生産）のほうをもちいることが多くなっています。それは，その国の経済状況をしるためには，国内の生産活動が活発かどうかが重要だからです。

●三面等価の原則

　三面等価の原則とは，①国民所得を生産面から計算した金額，②分配面から計算した金額，③支出面から計算した金額，の3つは，統計上は常に等しいという法則です。まず，生産面の国民所得，分配面の国民所得，支出面の国民所得の意味を説明し，つぎに，これらの3つがなぜ常に等しくなるのかということについて説明します。

①生産面の国民所得

　GDP（国内総生産）とは生産した付加価値の合計ですから，GDPが生産面の国民所得となります。日本のGDPは約500兆円ですが，これは各産業の生産した付加価値を合計することによって求めることができます。

②分配面の国民所得

　分配面の国民所得とは，国内で得られた所得を合計したものです。

> 個人の所得だけではなく企業の所得を含みます。

③支出面の国民所得

　支出面の国民所得とは，国内で生産された付加価値にたいしてどれだけ支出があったかということで，**GDE（Gross Domestic Expenditure：国内総支出）** とよばれます。ここで気をつけなくてはならないことは，国内の人がどれだけ支出したかではなく，国内の生産者がつくった物への支出なのだということです。どうしてかといえば，日本国内の人がたくさん支出して物を買っても，外国製品ばかりを買っていたら日本企業の注文にはならず，日本の景気はよくならないからです。逆に，外国の人の日本製品への注文は，日本企業の生産活動を活発にし日本の景気をよくしていきます。日本経済にとって，だれがどこで支出するかよりも，その支出が日本製品に向けられたものかどうかということのほうが重要なのです。

それでは，生産面の国民所得・分配面の国民所得・支出面の国民所得の関係についての説明に入りましょう。まず，生産面の国民所得と分配面の国民所得が常に等しいことをお話しましょう。

・**生産面の国民所得 ≡ 分配面の国民所得**

「常に等しい」を意味する記号です。

　日本のGDP約500兆円とは，売上から原材料費などを引いた付加価値を500兆円生み出しているということです。この500兆円は，原材料費などを引いたものなので，手元に残るものです。この生産した付加価値500兆円を社員や株主でわけることになります。ですから，社員や株主など国内で分配された所得の合計（分配面の国民所得）も500兆円のはずです。

生産した付加価値500兆円をわけたのですから，
わけられたものを足しても常に500兆円になるはずですね！

・**生産面の国民所得 ≡ 支出面の国民所得**

　つぎに生産面の国民所得と支出面の国民所得が，統計上常に等しくなることについて説明します。たとえば，日本のGDP（国内総生産）がちょうど500兆円だったとしましょう。このとき，日本製品への注文が

正確には，「日本国内で生産したモノやサービスへの需要」といいます。

ちょうど500兆円になるとはかぎりません。もし，日本製品への注文（需要）が480兆円しかなければ，生産した500兆円と需要480兆円は等しくはなく，20兆円だけ売れ残ってしまいます。

　このように，現実経済では生産面の国民所得と需要は必ずしも等しいとはかぎらないのですが，統計上は売れ残った20兆円分は生産した企業が支出したと考えるのです。

　なんとなくインチキっぽいですが，たしかに，このようにすれば常に生産面の国民所得と支出面の国民所得は等しくなります。

図表 2-2 ●生産面の国民所得≡支出面の国民所得

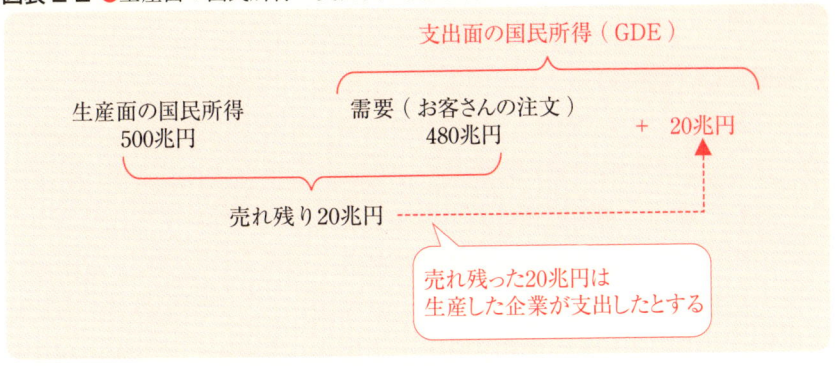

支出面の国民所得（GDE）

生産面の国民所得　　　需要（お客さんの注文）
　　500兆円　　　　　　　480兆円　　　　　　＋ 20兆円

売れ残り20兆円

売れ残った20兆円は
生産した企業が支出したとする

　以上，生産面の国民所得と分配面の国民所得，生産面の国民所得と支出面の国民所得が常に等しいので，生産面・分配面・支出面は3つとも常に等しく三面等価の原則が成立することになります。

　では，どうして，売れ残ったものを生産した企業が支出したとみなして，三面等価の原則がなりたつようにしているのでしょうか。それは，原理的に生産面・分配面・支出面が等しくなるようにしておけば，統計上の数字のチェックができるからです。たとえば，各業種の生産した付加価値を合計して生産面の国民所得が500兆円，国内で分配された所得を合計した分配面での国民所得が503兆円，売れ残りも足した支出を合計した支出用の国民所得が500兆円だったとしましょう。このとき，三面等価の原則より，生産面・分配面・支出面の三面が常に等しいはずなので，分配面の503兆円の計算がおかしいとわかるのです。

　このように，三面等価の原則とは，統計上の数字をチェックするために考えられたものであって，生産量（供給量）と需要量が等しく売れ残りがないという意味ではないのです。

　なお，三面等価の原則は，生産面の国民所得（GDP）と分配面の国民所得と支出面の国民所得の値が等しくなることから，**GDPの三面等価の原則**とよび，「生産面のGDP，分配面のGDP，支出面のGDPが統計上は常に等しいこと」という場合もあります。

●物価

物価とは，個別のモノやサービスの価格の平均値です。マクロ経済学は国全体を分析するために，自動車の価格やりんごの価格など個別の価格ではなく，それらの個別の価格を平均した物価に注目します。

ただし，物価は個別の価格の平均ですが，単純に平均するのではなく，その国の経済に占める割合が大きい商品のウエイト（影響度）が物価に大きく反映されるように工夫されています。たとえば，米の価格の上昇は米をよく食べる日本の物価には大きく影響しますが，米をあまり食べないフランスの物価にはあまり影響しないというぐあいです。

物価は，ある基準の年を 100 として，その年と比べて 1% 物価が上昇していれば 101，5% 下落していれば 95 のようにあらわすので**物価指数**ともいいます。

●名目と実質

名目とはそのままの金額，**実質**とは物価を考慮した値のことをいいますがこれではわからないでしょうから，具体例で説明しましょう。

たとえば，月給が 20 万円から 40 万円と 2 倍になったとしましょう。

（時給，月給，年収などの，単位時間あたりの賃金を**賃金率**といいます。）

これは名目の月給が 2 倍になったわけですが，このとき，物価も 2 倍に

（**名目賃金率**あるいは**貨幣賃金率**といいます。）

なっていたらどうでしょうか。物価が 2 倍ということは，さまざまなモノやサービスが平均的に 2 倍値上がりしたということです。そうなると，月給が 2 倍となってもさまざまな商品の価格が 2 倍になってしまっては，商品を買うことのできる量は以前とかわらず，生活水準は上がっていません。このようなとき，「月給は 2 倍になったけど実質的には何も改善されていない」ということでしょう。つまり，わたしたちの生活の豊かさはどれだけの商品を購入できるかという数量が重要なので，月給が 2 倍になっても物価が 2 倍になったら，商品を買うことのできる個数はか

わらず，豊かになってはいないのです。ですから，実質で考えるときには表面上の金額ではなく，物を何個買うことができるのかで考えるのです。そして，物が何個買える分の月給かを**実質賃金率**といいます。名目賃金率，実質賃金率，物価の関係を式にすると，

$$\frac{\text{名目賃金率} \times 2}{\text{物価} \times 2} = \text{実質賃金率} \times 1\,(\text{以前とおなじ})$$

（名目賃金率：○○円，実質賃金率：物何個分か）

となります。

じつはこの名目と実質の関係は，GDPにもあてはまります。**名目GDP**は500兆円のように金額ですから生産量がかわらなくても，物価が2倍になれば，名目GDPも500兆円×2＝1000兆円と2倍になってしまいますが，物何個分という意味での**実質GDP**はかわっていないので，

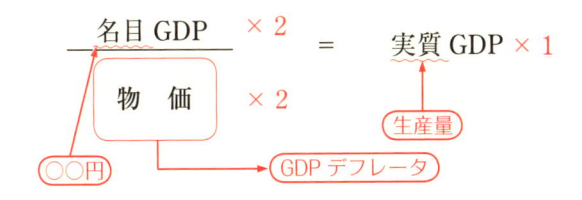

$$\frac{\text{名目GDP} \times 2}{\text{物価} \times 2} = \text{実質GDP} \times 1$$

（名目GDP：○○円，物価：GDPデフレータ，実質GDP：生産量）

という関係になります。そして，GDPの計算の際の物価指数を**GDPデフレータ**とよんでいます。ニュースでGDPが増えたとか減ったとかいう報道は実質GDPのことをさしています。

> **演習問題 2-1**
>
> つぎの文のうち正しいものに○，誤っているものに×をつけなさい。
> （1）日本人歌手の台湾コンサートは日本のGDPに計算される。
> （2）アメリカ人歌手の東京でのコンサートは日本のGDPに計算される。
> （3）日本人歌手の台湾コンサート，アメリカ人歌手の東京コンサートともに，日本のGNIである。

ヒント! GDPは国内総生産，GNIは国民総所得なので日本国内での生産か，日本国民の生産かで考えよう。

解答&解説
（1）× 日本のGDP（国内総生産）は日本国内なので，台湾でのコンサートは計算にふくまない。
（2）○ アメリカ人歌手の東京コンサートは日本国内で生産されたので，日本のGDP（国内総生産）に計算される。
（3）× 日本のGNI（国民総所得）とは日本国民が生産したものであるので，日本人歌手の台湾コンサートはふくむが，アメリカ人歌手の東京コンサートはふくまない。

> **演習問題 2-2**
>
> つぎの文の ☐ の中に適当な言葉を入れなさい。
> 　GDPとは ① 総生産のことであり，ある国において1年間に生産された ② の合計である。なお，② は ③ で計算されるのが原則である。
> 　このGDPには ④ GDPと物価の変動をも考慮した ⑤ GDPがある。そして，GDP計算の際の物価指数を ⑥ という。

解答
①国内　②付加価値　③市場価格　④名目　⑤実質　⑥GDPデフレータ

演習問題 2-3

つぎの文章のうち正しいものを選びなさい。
（1）GDPは国内で生産する生産額を合計したものである。
（2）GDPはすべて市場価格で計算する。
（3）公共サービスや帰属家賃は，あたかも市場取引があったかのようにみなし，市場価格をもちいてGDPの計算にふくめる。
（4）固定資本減耗はGDPから差し引いていない。
（5）三面等価の原則からGDPとGNPは等しくなる。

ヒント! GDPとは，「①国内で，②一定期間に，③生産された，④固定資本減耗を差し引いていない，⑤市場価格で表示した，⑥付加価値の合計」であることを思い出しましょう。

解答&解説
（1）× 生産額ではなく付加価値の合計。
（2）× 公共サービスは市場価格はなく，かかった費用で計算するので「すべて」ではない。
（3）× 公共サービスは市場価格ではなく費用で計算。
（4）○ 正しい。
（5）× 三面等価の原則は，生産面の国民所得，分配面の国民所得，支出面の国民所得が等しいということであって，GDPとGNPの関係については何もいっていない。

したがって，正しい選択肢は（4）。

演習問題 2-4

つぎの用語を説明しなさい。
（1）国内総生産
（2）三面等価の原則

ヒント！
（1）国内総生産は6つのポイントを落とさずに書こう。
（2）どうして常に等しくなるのか，その理由も説明しよう。

解答

（1）国内総生産とは GDP ともよばれ，①国内で，②一定期間に，③生産された，④固定資本減耗を差し引いていない，⑤市場価格で計算した，⑥付加価値の合計のことである。

（2）三面等価の原則とは，生産面の国民所得，分配面の国民所得，支出面の国民所得は，統計上は常に等しいという原則である。生活面の国民所得とは GDP（国内総生産）に他ならず，支出面の国民所得は国内総支出（GDE）であり，国内で生産した付加価値への支出の合計を意味する。生産面の国民所得（供給）よりも需要量が少なく超過供給（売れ残り）があるときには，そのぶんは生産した企業が支出したと考えることによって支出面の GDP（国内総支出）に加えることによって，統計上は常に等しくしただけであり，現実経済において，供給と需要が常に等しいということを意味しているわけではない。

講義 LECTURE 03 生産物市場の需要（Y^D）

　前回の講義では GDP，物価，三面等価の原則など統計上の話をしましたが，今回からは，現実経済がどのようなしくみで動いているのかを考えていきます。まず，今回は，わたしたちが需要者として参加するモノやサービスなどの市場の需要について考えましょう。

（生産物市場といいましたがおぼえていますか？　財市場ともよばれます。）

この需要は企業に対する注文ですから，この需要が大きければ，企業の生産活動は活発になって，労働者をたくさん雇用するようになり景気はよくなっていきます。ですから需要は非常に重要です。

● 生産物市場の需要の構成

・国内の民間だけのモデル

（モデルとは複雑な現実経済を単純化した模型という意味です。）

　生産物市場での需要者として，家計，企業，政府，外国が登場しますが，もっとも単純なモデルでは民間である家計と企業だけを考えます。家計は毎日消費をしていますし，住宅投資もおこなっています。また，

（消費は現在の満足を得るための支出，投資は将来の利益や満足を得るための支出です。）

企業は工場の機械を買うなどの設備投資などをおこなっています。ですから，このときの生産物への需要は消費と投資ということになります。

（Y^D という記号をつかうことが多いようです。
ちなみにDはDemandのDです。）
（ComsumptionなのでCと略します。）
（InvestmentなのでIと略します。）

つまり，$Y^D = C + I$ となります。

生産物の需要 ＝ 消費 ＋ 投資 ＝ 企業への注文

・国内の民間＋政府のモデル

こんどは民間だけではなく政府が加わると，政府も公共工事などの形で注文をだすので，そのぶんを**政府支出（G）**として加えます。その結果

> これが生産物(モノやサービス)への需要となります。　政府支出は Government Expenditure なので G と略します。

$$Y^D = C + I + G$$

（生産物の需要）（消費）（投資）（政府支出）

となります。

・外国も加えたモデル

日本国内で生産された生産物は，日本人だけではなく外国人も買います。これも日本製品への需要ですが，これは**輸出（EX）**となります。

> 輸入は Import なので IM か M と略します。　輸出は Export なので EX か X と略します。

逆に外国製品が輸入され，日本国内で買われると，その分だけ日本企業は需要をうしなってしまいます。つまり，**輸入（IM）**とは外国企業に需要をうばわれたことになるので，その分は生産物市場の需要（Y^D）から差し引かなくてはなりません。したがって，

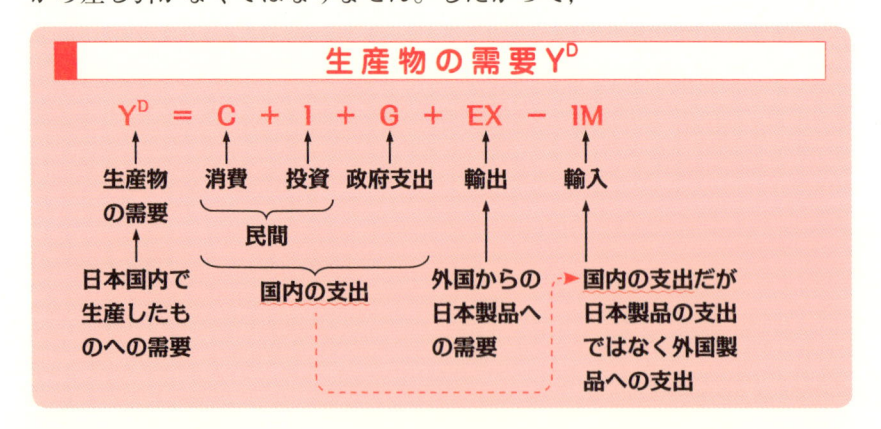

生産物の需要 Y^D

$$Y^D = C + I + G + EX - IM$$

生産物の需要	消費	投資	政府支出	輸出	輸入
日本国内で生産したものへの需要	民間／国内の支出			外国からの日本製品への需要	国内の支出だが日本製品の支出ではなく外国製品への支出

●生産物の需要（Y^D）と支出面の国民所得（国民総支出：GDE）

生産物の需要とは，国内や海外のお客さんが国内で生産されたものを

買いたいということであり，「売れ残り」は含みません。ところが，前回の講義ででてきた支出面の国民所得は，三面等価の原則を成立させる

（GDE（国内総支出）ともいいました。）

ために，売れ残りは生産した企業が支出したことにして加えていました。ですから

$$\text{支出面のGDP} = \underbrace{C + I + G + EX - IM}_{\text{生産物の需要}(Y^D)} + \underbrace{\text{売れ残り}}_{\langle \text{在庫品増加} \rangle}$$
（GDE：国内総支出）

（売れ残りを在庫品増加といいます。）

となります。

それでは，生産物の需要（Y^D）を構成する消費（C），投資（I），政府支出（G），輸出（EX），輸入（IM）について，それぞれ順番に説明しましょう。

● 消費（C：Consumption）

まず，消費から説明しましょう。マクロ経済学ではケインズ派の理論を中心にまなびますので，消費についてもケインズの考えにしたがいます。ケインズは消費は所得の大きさによって決まると考えました。所得が増えれば消費が増えるということは個人の生活を考えれば納得できると思いますが，これが一国経済全体でもあてはまると考えたのです。一国経済全体の所得を**国民所得**といい，具体的には **GDP** や **GNP（GNI）**

（GDPやGNPは付加価値の生産ですが，売上から原材料費などは引いているので，国全体の儲け（所得）と考えることができるわけです。）

が国民所得にあたります。

ですから，「（一国全体の）消費（C）は国民所得（Y）によって決ま

（国民所得はYであらわすのが習慣です。）

る」と表現し，数式で

$$C = c_0 + c_1 Y \quad (c_0, c_1 \text{は定数}, c_0 > 0, 0 < c_1 < 1)$$

とあらわします。このように書くとむずかしそうなのですが，c_0は定数で$c_0 > 0$とあるので$c_0 = 100$のように適当な数を入れ，

（$c_0 = 10$でも$c_0 = 200$でも好きな数を入れてかまいません。）

講義03 ● 生産物市場の需要（Y^D） **35**

図表 3-1 ● C = 100 + 0.9Y のグラフ

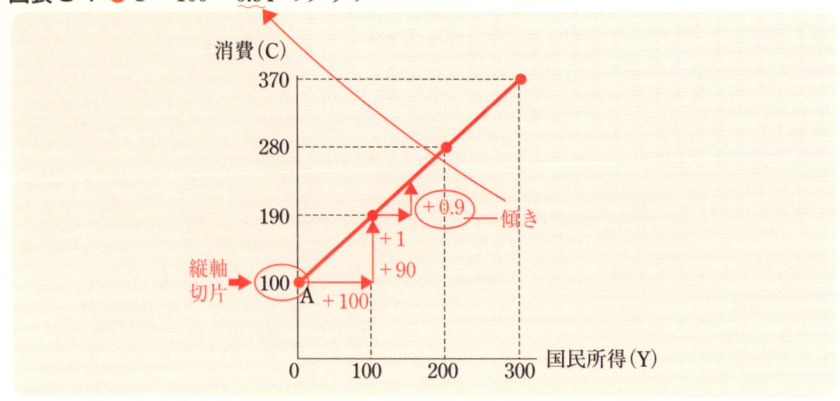

消費（C）
370
280
190
+ 0.9
傾き
縦軸切片 100 A
+ 1
+ 90
+ 100
0 100 200 300 国民所得（Y）

c_1 も定数で $0 < c_1 < 1$ なので $c_1 = 0.9$ のような値を入れます。
$c_1 = 0.6$ でも $c_1 = 0.8$ でも 0 から 1 の値であれば何でもかまいません。
そうすると，

C = 100 + 0.9Y

となります。こうなると，Y が 0 のとき C = 100，Y が 100 のとき C = 190 というように，Y の値を決めると C を値を計算することができます。たとえば

Y = 0 のとき　　C = 100 + 0.9Y ＝ 100 + 0.9 × 0　　＝ 100 + 0 = 100
Y = 100 のとき　C = 100 + 0.9Y ＝ 100 + 0.9 × 100 ＝ 100 + 90 = 190
Y = 200 のとき　C = 100 + 0.9Y ＝ 100 + 0.9 × 200 ＝ 100 + 180 = 280
Y = 300 のとき　C = 100 + 0.9Y ＝ 100 + 0.9 × 300 ＝ 100 + 270 = 370

のようになります。このように計算された国民所得（Y）と消費（C）の関係を**消費関数**といい，グラフにすると図表 3-1 になります。

C = 100 + 0.9Y は，Y = 0 のときに C = 100 なので，縦軸上の点 A の位置になります。この点 A のようにグラフが縦軸や横軸と交わる点を**切片**といい，縦軸と交わっているので**縦軸切片**といいます。この縦軸切片の 100 は所得（Y）が 0 のときの消費量なので，人間の生活に必要不可欠な最低限の消費量であり，**基礎消費**といわれます。

そして C = 100 + 0.9Y は，右に国民所得（Y）が増えると縦の消費（C）も増えているので，右上がりの直線となっています。この右上が

りの傾きを角度で求めようとすると、わたしたちは45°や90°以外はよくわからないので求めることはできません。そこで、経済学では、グラフの**傾き**を角度ではなく、「横に＋1変化したときに縦にどれだけ変化するか」とします。傾きをこのように定義すると、$C = 100 + 0.9Y$のグラフは横に＋100変化したときに縦に＋90変化するので、横に＋1変化したときには縦には＋0.9変化する、つまり、傾きは0.9とわかります。じつは傾きはグラフよりも式で、$C = 100 + 0.9Y$ より、横軸のYが＋1変化すると、0.9YとYの前に0.9が掛けられているので、0.9×（＋1）＝＋0.9だけ変化することがわかります。そして、所得（Y）が1単位増えたときの消費量の増加分、つまり消費関数のグラフの傾き（図表3-1では0.9）を**限界消費性向**といいます。この限界消費性向の値は国や時代によっても異なります。

傾きと限界消費性向

傾きとは横に＋1変化したときに縦にどれだけ変化するか

⇩

消費関数では「**所得が1単位増えた**ときの**消費の増加分**」

⇩

限界消費性向が傾きとなる。

こんどは、ケインズの考えた消費関数を具体的な数字ではなく一般化した

$C = c_0 + c_1 Y$　（c_0, c_1 は定数、$c_0 > 0$, $0 < c_1 < 1$）

で考えてみましょう。

$Y = 0$ のとき、$C = c_0 + c_1 Y = c_0 + c_1 \times 0 = c_0$ なので基礎消費は c_0 であり、縦軸切片の値も c_0 です。そして、傾きは、横にYが＋1変化したときに、$c_1 Y$ とYの前に c_1 が掛かっているので、縦軸のCは＋c_1 だけ変化します。したがって限界消費性向は c_1 で、これがグラフの傾きとなります（図表3-2）。ただし、$0 < c_1 < 1$ ですから、傾きはプラスですがあまり急ではありません。

図表 3-2 ● $C = c_0 + c_1 Y$ のグラフ

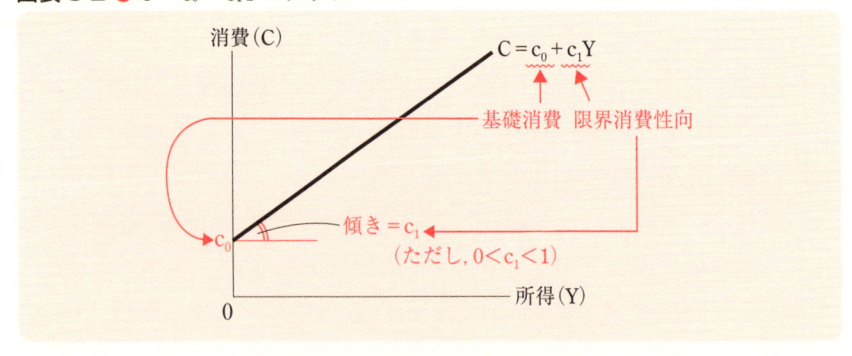

消費(C)

$C = c_0 + c_1 Y$

基礎消費　限界消費性向

傾き= c_1
（ただし, $0 < c_1 < 1$）

c_0

0　　　　　　　　　　　　　所得(Y)

ケインズ型消費関数

$C = c_0 + c_1 Y$ ⟹ 「所得が増えれば消費も増える」

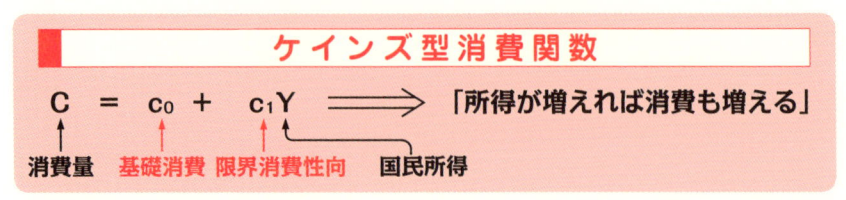

消費量　基礎消費　限界消費性向　国民所得

● 投資（I：Investment）

　投資とは将来の利益や満足を目的とした支出で，具体的には個人が住宅を買う住宅投資や，企業が工場を造ったり機械を買ったりする設備投資があります。マクロ経済学では，とくにことわりがなければ設備投資を前提とすることが多いので，投資といえば企業が機械を買うことと思ってください。ですから，投資が増えると機械メーカーへの注文は増え，生産物の需要の増加となり景気はよくなっていきます。

　それでは，投資量はどのように決まるのでしょうか。わたしたちはマクロ経済学を勉強しているので一国全体での投資量がどのように決まるかをしりたいのですが，投資はそれぞれの企業がおこなうものなので，まずは企業がどのように投資をおこなっているかを考えましょう。

　いま，自動車メーカーが工場建設という投資を考えているとします。200億円かけて工場を建設すると，1年半後には完成し，2年目は半分だけ稼動し50億円の利益を生むとします。そして，3年目，4年目は100億円の利益を生み，5年目には工場が古くなり利益は20億円に減り，6年目には寿命がきてつかえなくなるとしましょう。この資金の流れを

図表 3-3 ●投資の資金の流れ

現在	1年目	2年目	3年目	4年目	5年目	6年目
－200	0	50	100	100	20	0

単純合計 270

単純に比較できない！⇐時間差

整理したのが図表 3-3 です。

この図表 3-3 から，投資の費用（マイナス）は 200 億円で，利益の合計は 50 ＋ 100 ＋ 100 ＋ 20 ＝ 270 だから，270 ÷ 200 ＝ 1.35（135％）として，35％の利益率だと計算する人が多いのですが，そうはなりません。なぜなら，投資費用 200 億円は現時点で支払うのですが，利益は 2 年後に 50 億円，3 年後に 100 億円……と将来時点で得られる金額であり，単純に比べることができないからです。この部分はポイントですからもう少しくわしく説明しましょう。

いま，利子率（金利）が 10％（0.1）だとします。すると，現在の 100 万円を銀行に預けると，1 年後には 100 万円の 10％（0.1）の 10 万円の利子がつくので，100 万円 × 1.1 ＝ 110 万円となり，2 年後には，さらに 110 万円の 10％利子がつくので，110 万円 × 1.1 ＝ 121 万円となります。3 年後には，121 万円 × 1.1 ＝ 133.1 万円，4 年後には 133.1 万円 × 1.1 ＝ 146.41 万円…と利子のぶんだけ増えていきます。ここで，投資

図表 3-4 ●時間差による貨幣価値のちがい

現在	1年目	2年目	3年目	4年目	5年目	6年目
－200	0	50	100	100	20	0

投資せずに預金

200 { 100 → 110 → 121 → 133.1
      100 → 110 → 121 → 133.1 → 146.41

費用の200億円を投資をせずに100億円の預金2口にして，1口は3年間，1口は4年間預けたとしましょう。

まず，3年間預けると100億円×1.1^3＝133.1億円となります。つまり，現在の100億円は3年後には133.1億円となるので，3年後の100億円よりはるかに価値が大きいのです。おなじように，4年間預けると100億円×1.1^4＝146.41億円となり，4年後の100億円より価値は大きくなるのです。このように，おなじ金額であれば，早くもらった方が利子をかせぐことができるので，価値が大きいのです。

ですから，図表3-3のように，単純に将来得られる利益の合計し，その合計270と現在得られる投資費用を比較してはいけないのです。

こうなると，投資の計算は格段とむずかしくなってしまいます。そこでケインズは**投資の限界効率**というものを考え，投資の利益率を定期預

> ケインズ自身は「**資本の限界効率**」とよびましたが，多くの本では「投資の限界効率」とよぶことが多いようです。

金何％ぶんかであらわすようにしたのです。ですから，限界効率7％の投資といえば，1年あたり7％の定期預金に預けるのとおなじ利益率だということです。なお，この投資の限界効率は複雑なのでパソコンなどで計算しますが，図表3-3，3-4の資金の流れの投資の限界効率は9.52％とでたので，1年あたり9.52％の定期預金とおなじ利益率だというこ

> 表計算ソフト(エクセル)の関数をつかうと数秒で計算してくれます。

> 時間差を考えずに計算した利益率35％とは大きくちがいます!!

とになります。

通常，企業は銀行から資金を借り入れて投資をするので，銀行に利子を支払わなくてはなりません。たとえば，利子率(金利)が5％であれば，投資の限界効率が9.52％であっても，銀行に5％ぶんだけ利子を支払うので

最終的な利益率＝投資の限界効率－利子率
　　　　　　　　　9.52％　　　　5％　＝4.52％

となります。最終的な利益率がプラスなので，企業はこの投資を実行します。

しかし，もし，投資の限界効率が利子率と等しければ，最終的な利益率が0となってしまうので，投資してもしなくてもおなじとなり，投資の限界効率が利子率より低ければ，最終的な利益はマイナスとなるので投資はおこないません。

ケインズの投資の限界効率理論

企業は投資の限界効率（投資の利益率を利子率換算で表したもの）と利子率を比較し
投資の限界効率＞利子率 ⇨ 最終的な利益率⊕ ⇨ 投資実行
投資の限界効率＝利子率 ⇨ 最終的な利益率０ ⇨ 投資してもしなくても同じ
投資の限界効率＜利子率 ⇨ 最終的な利益率⊖ ⇨ 投資しない

つぎに，ケインズの投資の限界効率理論をもちいて，企業が投資量をどのように決めるかを考えましょう。ある企業にA，B，C，Dと4つの投資案件があり，投資の限界効率と投資量が図表3-5のようであったとしましょう。そして，図表3-5の表を，横軸に投資量，縦軸に投資の限界効率をとったグラフに描いたのが図表3-6です。原点から右に，最初の3億円はAなので限界効率は18％と高く，つぎの2億円はBなので限界効率が10％に低下し，つぎの5億円はCなので6％，さらに，そのつぎの3億円はDなので2％と低下していきます。そうすると，投

図表3-5 ●投資案件の整理表

	投資量（億円）	投資の限界効率
A	3	18%
B	2	10%
C	5	6%
D	3	2%

企業は儲かるものから投資するでしょうから，投資の限界効率の大きいものから並べています。

図表3-6 ●投資の限界効率表

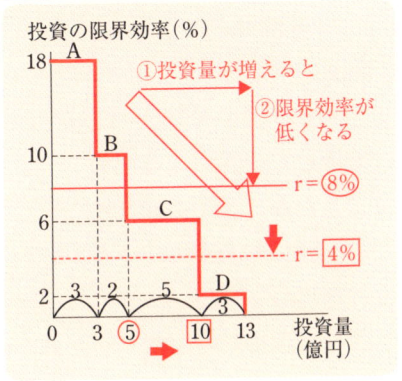

①投資量が増えると
②限界効率が低くなる

r＝8%
r＝4%

講義03 ●生産物市場の需要（Y^D）

資量と投資の限界効率の関係をあらわすグラフは右下がりの階段状になります。このグラフを**投資の限界効率表**といいます。

> 図表3-5を表，図表3-6をグラフというのですが，図表3-6は限界効率表という習慣があります。

そして，投資の限界効率表が右下がりであるのは，企業は儲けが大きいもの，つまり，投資の限界効率が大きい投資案件から投資していくので，投資量を増やしていくと，投資の限界効率の大きい案件はなくなってしまい，限界効率の低い投資案件を実行しなくてはならないということを意味します。

投資の限界効率表

投資量と投資の限界効率の関係をあらわすグラフ

投資量が増えると，限界効率が低いものに投資せざるをえなくなり限界効率が低下するので右下がりとなる。

つぎに，図表3-6の投資の限界効率表に利子率の情報をくみあわせて，企業の投資量について説明しましょう。

当初，利子率（r）が8％であったとします。ケインズの投資の限界効率理論では，限界効率が利子率よりも大きいと最終的な利益率がプラスとなるので投資することになります。ですから，利子率8％より限界効率が大きいA（18％）とB（10％）が投資され，投資量は3（A）＋2（B）＝5億円となります。

いま，利子率（r）が8％から4％へ低下したとしましょう。すると4％の利子率よりも限界効率が大きい案件は，A（18％），B（10％）だけではなく，C（6％）も加わります。Cは利子率が8％のときには不採算でしたが，利子率が4％に低下したら採算が合うようになったのです。その結果，投資量は3（A）＋2（B）＋5（C）＝10億円へと，Cの分だけ増加します。

このようにして，利子率が低下すると企業の投資量が増加することがわかりましたが，企業の投資量が増加すれば経済全体の投資量も増加します。ですから国全体でも，利子率が低下すると投資量が増加すること

図表 3-7 ●投資曲線

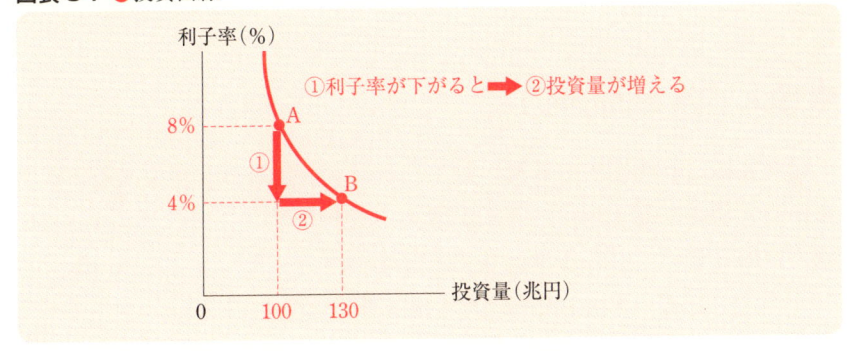

利子率(%)

①利子率が下がると ➡ ②投資量が増える

A 8%
B 4%
①
②

0 100 130 投資量(兆円)

になります。この投資量と利子率の関係を**投資関数**といい，グラフにすると図表3-7になります。

<u>投資曲線とよばれます。</u>

なお，図表3-7の投資曲線が右下がりであるのは，利子率が低下すると（8%→4%），投資量が増加する（100兆円→130兆円）という因果関係で，図表3-6の投資の限界効率表の右下がり（投資量が増えると限界効率が下がる）とはちがう点に気をつけてください。

一国経済の投資量（I）

利子率（r）が下がると投資量（I）が増える。

●政府支出（G：Government Expenditure）

政府支出にも政府消費と政府投資があるのですが，ひとまとめにして政府支出とします。民間の場合，消費量は所得によって決まり，投資量は利子率によって決まるため，これらをわけていたのですが，政府消費も政府投資も政府が政策的に決めるので区別する必要がないのです。

そして，政府支出（G）は政府が政策的に決めるので一定と考えます。

●輸出（EX：Export）

輸出とは，外国が日本製品を需要することですから，外国の国民所得が増えると輸出も増加します。ですが，外国の国民所得まで考えると複

雑になってしまうので，外国の国民所得は現在のまま動かず，輸出も動かず一定と仮定します。

● 輸入（IM：Import）

　輸入とは，日本国内の家計，企業，政府が外国製品を需要することですから，日本の国民所得（Y）が増えると外国製品がたくさん買われ，輸入は増えます。これを単純な式で書くと，

　　　IM = mY　（mは定数，0＜m＜1）

となります。たとえば，m = 0.1 であれば

　　　IM = 0.1Y

となり，Y = 100 のとき IM = 10，Y = 120 のとき IM = 12 と，国民所得（Y）の増加とともに輸入量（IM）も増加することをあらわすことができます。

演習問題 3-1

空欄に語句を入れなさい。

　生産物の需要（Y^D）には，消費（C），投資（I），政府支出（G），輸出（EX），輸入（IM）があり，式であらわすと，Y^D = ①　となる。

　消費（C）は国民所得（Y）によって決まり，C = c_0 + c_1Y と定式化され c_0 を ②，c_1 を ③ という。投資は ④ と ⑤ の比較によって実行するかどうかを判断され，④ が ⑤ より大きければ投資は実行される。政府支出と輸出は ⑥ と仮定され，輸入は ⑦ の増加関数となる。

ヒント！ **増加関数**とは2つの数がおなじ方向に動く，つまり，片方が増えればもう一方も増えるという関数，逆にいえば，片方が減ればもう一方も減るという関係をいいます。

解答
① C + I + G + EX − IM　②基礎消費　③限界消費性向　④投資の限界効率　⑤利子率　⑥一定　⑦国民所得

> 演習問題 3-2
>
> つぎの用語を説明しなさい。
> （1）ケインズ型消費関数
> （2）投資の限界効率理論

解答＆解説

（1）ケインズ型消費関数とはケインズの考えた消費関数で，消費（C）は国民所得（Y）によって決まるとし，$C = c_0 + c_1 Y$（c_0, c_1 は定数, $c_0 > 0$, $0 < c_1 < 1$）と式であらわすことができる。c_0 は基礎消費，c_1 は限界消費性向とよばれる。

（2）投資の限界効率理論とはケインズの考えた投資理論であり，投資の利益率をあらわす投資の限界効率が利子率よりも大きければ，投資がおこなわれるというものである。この理論より，利子率が下がると投資量が増えるという投資関数をみちびくことができる。

LECTURE 04 国民所得(GDP)の決まり方

　日本は世界第2位の経済大国といわれますが，それはGDPの大きさが世界でアメリカに次いで大きいということです。今回はいよいよそのGDPがどう決まるかを考えます。

　さて，GDPは国内で生産された付加価値の合計で，売上から原材費を引いた残りでした。つまり，分配する前の所得ということもできるので，**国民所得**ともよばれます。

> 国民所得は狭い意味ではNational Income(NI)という統計を指しますが，ここではGDP, GNI(GNP), NIなどを含む広い意味で使っています。これを**広義の国民所得**といいます。なお，この講義ではNIは扱いません。

　そして，この国民所得が大きければ国全体が豊かになりますから，国民所得がどのように決まるのかということは，マクロ経済学の最大の関心事項です。現実の経済では，貨幣市場で決まる利子率(金利)や労働市場で決まる物価，そして，外国為替レート，外国の国民所得などいろいろな要因が国民所得に影響を与えます。しかし，それでは議論が複雑になってしまいます。そこで，わたしたちは議論を生産物市場に集中するために，貨幣市場で決まる利子率と労働市場で決まる物価は一定と仮定します。

> もし，利子率が動いてしまったら，なぜ動いたのかと貨幣市場の分析をおこなわなくてはなりませんし，物価が動いた場合にも労働市場の分析が必要となってしまいます。

また外国為替レートや貿易を考えるのが面倒なときには**閉鎖経済の仮定**

> 外国とのやりとりのない鎖国状態の経済を想定します。

をおくこともあります。

生産物市場に専念するための仮定
①利子率一定　→　貨幣市場は考慮しない
②物価一定　　→　労働市場は考慮しない

●45度線分析

それでは、利子率一定、物価一定の仮定のもと、生産物市場において国民所得がどのように決まるかを説明する45度線分析を説明しましょう。**45度線分析**は、<u>サミュエルソン</u>という学者が、ケインズの**有効需**

> なぜ45度かはこの後すぐに説明します。

> ケインズではなくケインズ派の理論です。第1回の講義で説明しましたが、ケインズは賃金率の下方硬直性は仮定しますが物価一定は仮定しません。

要の原理をわかりやすく説明しようと考案したものです。

　45度線分析は、生産物市場の需要と供給が等しくなるように国民所得は決まると考えるのですが、需要については前回説明しているので、供給について説明しましょう。

●生産物市場の供給（Y^S）

　生産物市場の**供給**とは、<u>生産物を売りたい量の一国全体での合計を</u>

> わたしたちが買うモノやサービス、機械などをイメージしてください。

います。企業は売るために生産しているのですから、GDP（国内総生産）が500兆円であれば、そのすべてを売りたいので生産物市場の供給（Y^S）も500兆円というように、生産物の供給（Y^S）とGDP（<u>国内総生</u>

> これは国民所得とも呼びました。

産、Y）は等しいので、

　　　　生産物市場の供給（Y^S）= GDP（国民所得、Y）

となります。ですから$Y=0$のとき$Y^S=0$、$Y=100$のとき$Y^S=100$、$Y=200$のとき$Y^S=200$…となり図表4-1のようなグラフを描くことができます。そして、この直線は横にYが+1変化すると、縦のY^Sも+1変化するので傾きは+1です。傾き+1の直線Y^Sは直角（90°）のちょうど

講義04●国民所得（GDP）の決まり方

半分なので45°です。この45°の傾きの直線が45度線分析の名前の由来です。

図表4-1 ● $Y^S = Y$

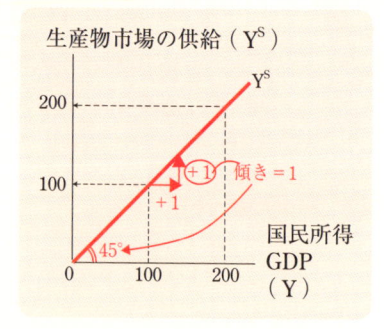

●生産物市場の需要（Y^D）

ここでは話を簡単にするために、海外を考えない閉鎖経済としましょう。そうすると、輸出（EX）と輸入（IM）はありませんので、

$Y^D = C + I + G$ …①

となります。

前回説明しましたが

$C = c_0 + c_1 Y$ （c_0, c_1は定数，$c_0 > 0$, $0 < c_1 < 1$）…②

投資（I）は利子率（r）が下がると増えるのですが，利子率一定を仮定しているので投資（量）（I）も一定となります。この一定の投資量を$\bar{I}$と表すことにします。

一定の値であることを表す方法としては$\bar{I}$の他にI_0のように書くこともあります。

$I = \bar{I}$（一定）…③

政府支出（G）も政府が一定にコントロールしているので$\bar{G}$とし，

$G = \bar{G}$（一定）…④

②，③，④を①に代入すると，

$Y^D = C + I + G$
$ = c_0 + c_1 Y + \bar{I} + \bar{G}$
$ = c_1 Y + (c_0 + \bar{I} + \bar{G})$

傾き　　定数　　　縦軸切片

そして、横軸にY，縦軸にY^Dのグラフを描くと，傾きc_1，縦軸切片

図表4-2 ● $Y^D = C + I + G$

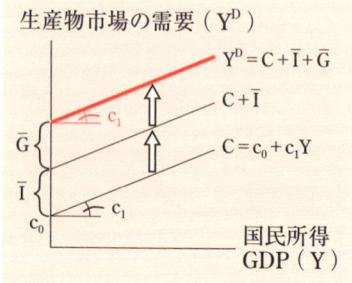

が $c_0+\bar{I}+\bar{G}$ の直線となります（図表4-2）。

この右上がりの Y^D 線は，$C=c_0+c_1Y$ の直線に，まず $\bar{I}$ が足されて上シフトし，さらに $\bar{G}$ が足されて上シフトしたと考えることができます。

●国民所得（GDP）の決定

図表4-1で生産物市場の供給（Y^S）のグラフを，図表4-2で生産物市場の需要（Y^D）のグラフを描きましたので，こんどは，この2つを重ねたものを図表4-3に描きましょう。

なお図表4-3では，Y^S（生産物市場の供給），Y^D（生産物市場の需要），Y（国民所得，GDP）と似た記号がでてきますが，Y^S，Y^D，Y は別々のちがうものです。Y（国民所得）がどれだけの大きさに決まるかが重要で，その説明として Y^S と Y^D を使っていくのです。

図表4-3 ●国民所得の決定

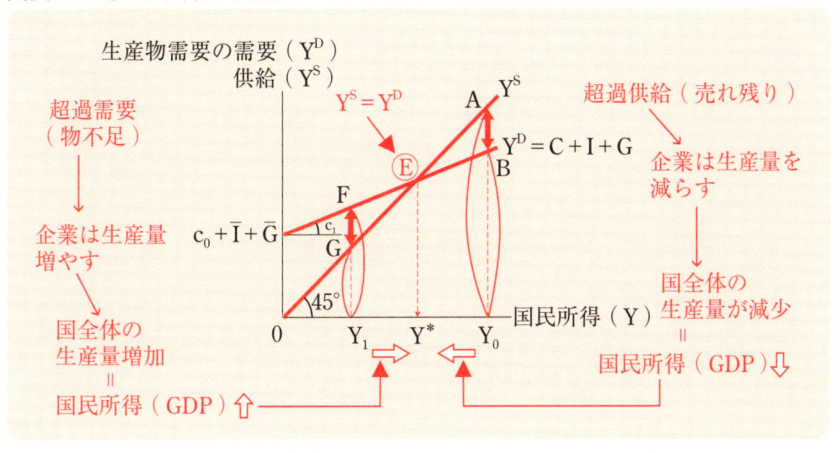

図表4-3より，国民所得（Y）は Y^S と Y^D の交点Eの水準 Y^* に決まることがわかります。横軸のYが Y^* のとき，縦軸の Y^S と Y^D は点Eの高さで等しくなります（$Y^S=Y^D$）。このように供給（Y^S）と需要（Y^D）が等しくなる国民所得を**均衡国民所得**といいます。

ここでの「均衡」とは $Y^S=Y^D$ とバランスしているという意味です。

もし，横軸が $Y=Y_0$ のように，均衡国民所得（Y^*）よりも大きいと，

供給（Y^S）は点Aの高さですが需要は（Y^D）は点Bの高さとなり，ABだけ超過供給となり売れ残りが生じます。いま，物価一定を仮定しているので，個々の価格や物価の下落によって売れ残りが自動的に解消する

> このように考えるのは古典派です。

ということはありませんから，売れ残りはつづいてしまいます。企業は売れ残るとわかっている物をつくっても仕方がありませんので，生産量を減らしていきます。最終的に売れ残りがなくなるまで生産量を減らすので，国民所得（Y）も売れ残りがなくなるY^*へと減少していきます。

> ここではGDP（国内総生産）という生産量というイメージをもつとわかりやすいでしょう。

> 均衡国民所得Y^*では$Y^S=Y^D$なので売れ残り（超過供給）はありません。

反対に$Y=Y_1$のように，均衡国民所得（Y^*）よりも国民所得が小さいと，供給量はY^Sの点Gの高さですが需要量がY^Dの点Fの高さなのでFGだけ需要量が多く，超過需要（物不足）な状態です。企業にしてみれば物が足りなくてお客さんが待っているという状態なので，生産量をどんどん増やします。最終的に物不足がなくなるまで生産量を増やすので，均衡国民所得（Y^*）となります。Y^*までくると，それ以上生産量を増やすと，こんどは$Y=Y_0$のように売れ残りが発生するので増やしません。

このようにして，$Y^S=Y^D$となる均衡国民所得（Y^*）より国民所得が大きくても（$Y=Y_0$），小さくても（$Y=Y_1$），均衡国民所得（Y^*）に戻

> 均衡からいったんはずれてもやがて均衡に戻るとき，均衡は**「安定的」**といいます。

ります。ですから，現実の経済では均衡国民所得（Y^*）となるのです。

国民所得の決定

国民所得の大きさは，$Y^S=Y^D$となる均衡国民所得の水準に決まる

●有効需要の原理と45度線分析

ところで，45度線分析とは，サミュエルソンがケインズの有効需要の原理をわかりやすく説明するために考案したものです。ですから，45

度線分析を使って,「需要の大きさによって国民所得(GDP)や雇用量

> 第1回講義では「生産量」としましたが,専門用語の国民所得(GDP)を使うのが通常です。

が決まる」という**有効需要の原理**を説明することにしましょう。

　図表 4-4 において,当初,生産物の需要線は Y_0^D で,均衡国民所得は点 E_0 の水準の Y_0 であったとします。ここから,何らかの理由で需要が

> Y^D を上シフトさせる要因としては $Y^D=C+\bar{I}+\bar{G}$ で一定であった $\bar{I}$ や $\bar{G}$ の増加が考えられます。これは後ほど詳しく説明します。

増加し,需要線が Y_0^D から Y_1^D へ上シフトしたとします。

> Y^D は縦軸ですから,Y^D の増加は Y_0^D の上シフトで表現されます。

すると,Y^S と Y_1^D の交点は E_1 となり均衡国民所得は Y_1 へと増加します。

　逆に,需要が減少し Y_0^D から Y_2^D へ下シフトしたとすると,Y^S と Y_2^D の交点は E_2 となり,均衡国民所得は Y_2 へと減少してしまいます。

図表 4-4 ● 有効需要の原理を 45 度線分析で説明する生産物市場の需要(Y^D),供給(Y^S)

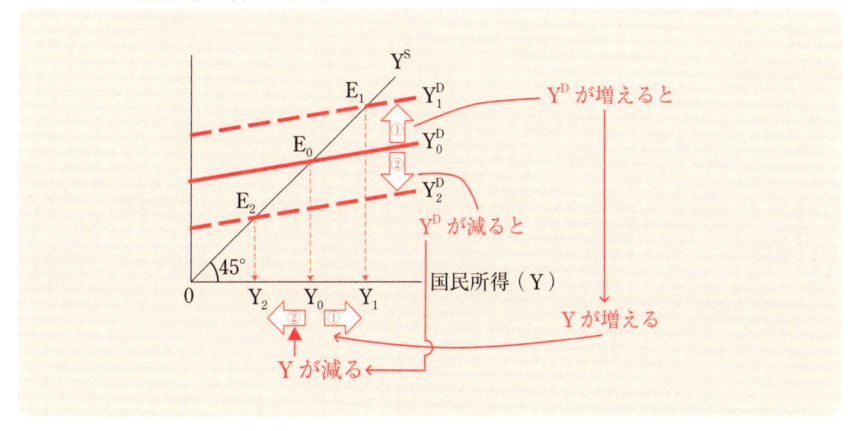

したがって,生産物の需要(Y^D)が増加($Y_0^D \to Y_1^D \Uparrow$)すると国民所得が増加($Y_0 \to Y_1 \Uparrow$)し,生産物の需要(Y^D)が減少($Y_0^D \to Y_2^D \Downarrow$)すると国民所得が減少($Y_0 \to Y_2 \Downarrow$)するので「需要の大きさ($Y^D$ の高さ)が国民所得水準(横軸の Y の大きさ)を決定する」という有効需要の原理をうまく説明できます。

●均衡国民所得の計算

図表4-3でお話したように国民所得（Y）の大きさは，$Y^S=Y^D$ となる均衡国民所得になります。このことを利用して国民所得（Y）の大きさを計算することができます。この計算はよく問われることですから，2つの例題を解きながら説明しましょう。

> **例題4-1**
>
> ある国の経済が次式であらわされるとき，国民所得を求めなさい。
>
> $Y=C+I+G$
> $C=100+0.9Y$
> $I=100$
> $G=80$
>
> ただし，Y：国民所得，C：消費，I：投資，G：政府支出，とする。

解答＆解説

最初の式，$Y=C+I+G$ は $Y^S=Y^D$ をあらわしています。
（Y）（$C+I+G$）

なぜなら，$Y^S=Y$ であり，$Y^D=C+I+G$ なので，$Y^S=Y^D$ は $Y=C+I+G$ と書きかえることができるからです。この式に，$C=100+0.9Y$，$I=100$，$G=80$ を代入すればYを求めることができます。

$$Y = C + I + G$$
$$Y = 100 + 0.9Y + 100 + 80 \quad \text{代入します。}$$
$$Y - 0.9Y = 280 \quad \text{0.9Yを移項します。}$$
$$0.1Y = 280$$
$$Y = \frac{280}{0.1} = 2800$$

答 2800

例題 4-2 $C=10+0.8(Y-T)$, $G=20$, $T=10$, $I=20$（C：消費, Y：国民所得, T：租税, G：政府支出, I：投資）のとき, 国民所得（Y）を計算せよ。

解答&解説

今回は, 消費関数が $C=10+0.8(Y-T)$ と租税（税金）T が入って（租税（税金）は Tax なので T と略します。）います。これは, 税金が登場すると, 所得（Y）の全てが手元に残るわけではなく, 所得から税金を差し引いた税引後の所得（$Y-T$）で消費（経済学では可処分所得とよばれます。）を考えるので, $C=10+0.8Y$ ではなく, $C=10+0.8(Y-T)$ となるのです。これを一般化すると, 租税を考慮したケインズ型消費関数は,

$$C = c_0 + c_1(Y-T) \quad (c_0, c_1 は定数, c_0>0, 0<c_1<1)$$

（国民所得から租税を引いた税引後の国民所得を**可処分所得**といいます。）

となります。

そして, 問題文には, C の他に I と G があるので, $Y^D=C+I+G$ であることがわかります。一方, Y^S は Y と同じです。求めるべき国民所得（Y）は, Y^S と Y^D が等しくなるように決まるので,

$$Y^S = Y^D$$
$$Y = C + I + G \quad \leftarrow これが重要！$$

となり, これに $C=10+0.8(Y-T)$, $G=20$, $T=10$, $I=20$ を代入すると,

$$Y = C + I + G$$
$$= 10+0.8(Y-T)+20+20 \quad \text{代入します。}$$
$$= 50+0.8(Y-T)$$
$$= 50+0.8(Y-10)$$
$$= 50+0.8Y-8 \quad \text{0.8Y を移項します。}$$
$$Y-0.8Y = 42$$
$$0.2Y = 42$$
$$Y = \frac{42}{0.2} = 210$$

答 210

演習問題 4-1

つぎの空欄にあてはまる語句を入れなさい。

45度線分析は ① の考案したモデルで ② が提案した ③ を説明するものである。このモデルでは，横軸に ④ ，縦軸に ⑤ をとり，④ と ⑤ のグラフが45度の直線となることが名前の由来である。

縦軸には ⑤ の他に ⑥ もとり，横軸の ④ と縦軸 ⑥ の関係をあらわすグラフの傾きは45度より ⑦ く，45度の直線と交わる。

この交わった点において，⑤ と ⑥ は等しく，このときの国民所得を ⑧ という。もし，現実の国民所得が ⑧ より大きければ ⑨ が生じるので企業は生産量を ⑩ す結果，国民所得は ⑪ し，⑧ へと向かう。逆に国民所得が ⑧ より小さければ ⑫ が発生し企業は生産量を ⑬ す結果，国民所得は ⑭ し，⑧ へと向かう。

解答

①サミュエルソン　②ケインズ　③有効需要の原理　④国民所得（GDP）　⑤生産物市場の供給　⑥生産物市場の需要　⑦小さ　⑧均衡国民所得　⑨超過供給　⑩減ら　⑪減少　⑫超過需要　⑬増や　⑭増加

演習問題 4-2

$Y^D = C + I + G$，$C = 20 + 0.8Y$，$I = 40$，$G = 10$（Y^D：財の需要，C：消費，I：投資，G：政府支出）のとき国民所得（Y）を求めなさい。

ヒント！

・国民所得（Y）は $Y^S = Y^D$ となる大きさに決まるということから式をつくろう。

・生産物は財とよばれることもあります。「財の需要」とは「生産物市場の需要」と同じです。

解答＆解説

問題文より，$Y^D = C+I+G$，また，$Y^S = Y$ より，$Y^S = Y^D$ は

> 生産した付加価値（GDP：Y）は全て売りたいので，売りたい量（Y^S）と等しいのでしたが，覚えていますか？

$$Y = C + I + G$$

となる。これから，（代入します。）

$$Y = 20 + 0.8Y + 40 + 10$$

（0.8Yを移項します。）

$$Y - 0.8Y = 70$$
$$0.2Y = 70$$
$$Y = \frac{70}{0.2} = 350$$

答 350

演習問題 4-3

経済がつぎの式であらわされるとき，国民所得（Y）を求めなさい。

$$Y = C+I+G+EX-IM$$
$$C = 10+0.9Y$$
$$I=2, \; G=2, \; EX=1, \; IM=0.1Y$$

（Y：国民所得，C：消費，I：投資，G：政府支出，EX：輸出，IM：輸入）

ヒント！ 1番目の式につぎつぎと代入してみよう。

解答＆解説

$$Y = C + I + G + EX - IM$$

（問題文の式を代入します。）

$$Y = 10 + 0.9Y + 2 + 2 + 1 - 0.1Y$$

（+0.9Y，-0.1Yを移項します。）

$$Y - 0.9Y + 0.1Y = 10+2+2+1$$
$$0.2Y = 15$$
$$Y = 75$$

答 75

> 演習問題 4-4
>
> 45度線分析をもちいて国民所得の決定を説明しなさい。

解答&解説

1. 45度線分析とは，ケインズの有効需要の原理を説明するためにサミュエルソンが考案したものである。物価一定，利子率一定とし，生産物市場において需要（Y^D）と供給（Y^S）が等しくなる水準に国民所得が決まるとする。

2. 供給（Y^S）は国民所得（Y）と等しいので$Y^S=Y$となり，原点を通る45度の直線となる（図1）。

3. 需要（Y^D）＝消費（C）＋投資（I）＋政府支出（G）であり，図1のY^Dのように描けたとする。

4. このとき国民所得はY^SとY^Dの交点EのY^*となる。なぜなら，Y_0のようにY^*より大きいとABだけ超過供給となるので，企業は減産しYも減少しY^*へ向かい，逆にY_1のようにY^*よりも小さいとFGだけ超過需要となり，企業が増産する結果Y^*へ向かう。以上のようにして国民所得は需要と供給が等しい水準に決定される。

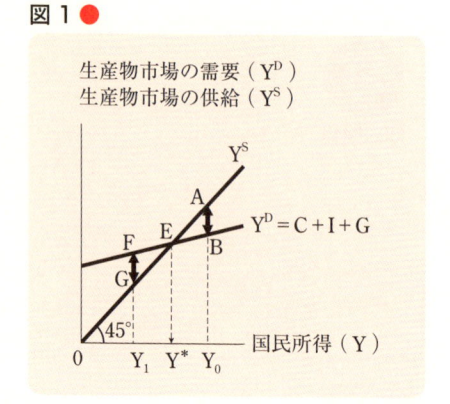

図1

以上

講義 05 インフレギャップ・デフレギャップ

　前回の講義では，45度線分析をつかって国民所得の決定を説明しましたが，その国民所得がちょうど望ましい国民所得の大きさであるとはかぎりません。そこで今回は，まず，望ましい国民所得とは何かを説明し，その望ましい国民所得と現実経済にズレがあるケースであるデフレギャップとインフレギャップについて説明します。

●望ましい国民所得＝完全雇用国民所得

　国民所得はGDP（国内総生産）ですから，国民所得が大きいほど生産活動が活発となり，労働需要も増加し失業が解消します。失業してしまうと，生産に貢献できず，また所得も得られなくなってしまいますから，社会的に望ましくありません。したがって，失業のないような十分に大きな国民所得（GDP）が社会的に望ましく，**完全雇用国民所得（Y_F）**とよびます。

> 失業がないという意味です。

> 完全雇用は英語でFull Employment。

　ここで失業についてくわしく説明しておきましょう。古典派は失業には自発的失業と摩擦的失業の2つがあると考えました。**自発的失業**とは，現在の労働条件では本人に働く意思がない失業です。これは本人が好きで失業しているわけですから，政府が救済すべきということにはならないでしょう。もう1つの**摩擦的失業**とは産業構造が変化して失業した場

> たとえば石炭産業が衰退しIT産業が成長しても，石炭産業で働いている人は急には新しい産業で働くことはできません。

合や，就職活動中でやがて仕事がみつかるような一時的失業などです。この摩擦的失業にたいしては，衰退した産業につとめていて失業してしまった人々に新しい産業の技能を訓練するとか，就職の情報がすばやく

入手できるようにするなどの対応が効果的です。

これにたいし，ケインズは失業には3つめの非自発的失業があるとしました。**非自発的失業**とは，本人に働く意思と能力があるのに景気が悪いから職につけないという失業です。この失業は景気が悪いことが原因でおこっているので，対策としては景気をよくするための経済政策が効果的だということになります。

ケインズが非自発的失業を指摘した背景には，世界大恐慌があります。世界大恐慌時には欧米および日本の失業率は20％を超えました。この20％を超える失業は，自発的失業ではありませんし，大きな産業構造の変化がおこったわけでもないので摩擦的失業でもありません。景気が悪くなったから，働く意思と能力のある人々が大量に失業してしまったのです。これをケインズは非自発的失業と名づけ，古典派が見逃していると批判しているのです。

では，どうして古典派は非自発的失業を見逃したかというと，第1回の講義でお話しましたが，彼らは非自発的失業がなくなるまで賃金率が低下すると考えていたからです。これにたいして，ケインズは賃金率は下落せず，非自発的失業は継続すると考えました。

（労働市場における超過供給（売れ残り）と考えることができます。）

失業の種類

① 自発的失業
② 摩擦的失業 ｝古典派も想定

③ 非自発的失業 → ケインズが新たに主張 ← 賃金率の下方硬直性
　　　　　　　→ 古典派の考えでは賃金率の低下により迅速に解消するはず

ここで，望ましい国民所得水準である完全雇用国民所得（Y_F）に話をもどしましょう。まず，完全雇用とは「失業のない状態」といわれることが多いのですが，正確には「非自発的失業がない状態」です。景気がよくて完全雇用であっても，自発的失業と摩擦的失業は存在するので失業率は0％にはなりません。

> ## 完全雇用国民所得（Y_F）
>
> 望ましい経済状態
>
> ↓
>
> 完全雇用：失業のない状態
> └─ 正確には非自発的失業がない
> 　　　　　↓
> 　　　　　自発的失業と摩擦的失業は存在
>
> ↓
>
> 完全雇用国民所得（Y_F）が望ましい国民所得の大きさ

●デフレギャップ

　前回の講義で，国民所得（Y）は生産物市場の供給（Y^S）と需要（Y^D）が等しくなる水準に決まるとまなびましたが，その国民所得水準が完全雇用国民所得（Y_F）であるという保証はありません。いま，その均衡国民所得（Y^*）が，図表5-1のように完全雇用国民所得（Y_F）より小さかったとしましょう。このとき，完全雇用国民所得（Y_F）よりも現実の国民所得（Y^*）は小さい，つまり，生産量が少ないので労働需要も少ないでしょうから，失業が発生しています。

> 国民所得はGDP（国民総生産）

図表5-1 ●デフレギャップ

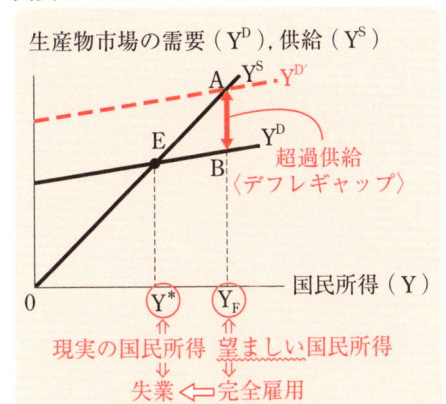

生産物市場の需要（Y^D），供給（Y^S）

A　Y^S　$Y^{D'}$
E
B　Y^D
超過供給
〈デフレギャップ〉

0　Y^*　Y_F　国民所得（Y）

現実の国民所得　望ましい国民所得
失業　←　完全雇用

　ではどうして，国民所得がY_FではなくY^*になってしまったのでしょうか。それは，もしY_Fまで生産するとABだけ超過供給（売れ残り）が発生するので企業が生産量を減らす結果，Y^*となるのです。このY_Fのときの超過供給（図表5-1のAB）を**デフレギャップ**といいます。

> デフレとはデフレーションの略で物価の持続的下落です。45度線分析は物価一定の仮定がありますが，もしその仮定がない古典派の世界であれば超過供給があるので物価が下がりつづけてデフレになるということです。

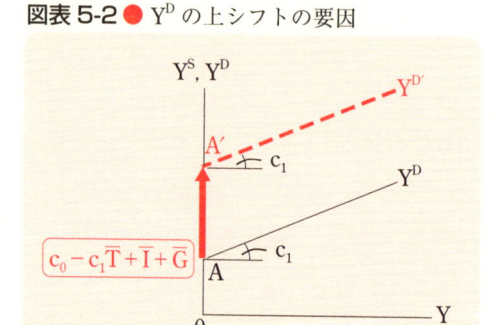

このデフレギャップを図表5-1のY^*とY_Fの差だと勘ちがいする人が多いので，注意してください。デフレギャップはY^*とY_Fという横軸の国民所得の差ではなく，横軸の$Y=Y_F$のときの縦軸の供給と需要の差（超過供給）です。

そして，このデフレギャップAB分だけ需要を増やしてやれば，需要はY^Dから$Y^{D'}$へと上シフトし，新たな国民所得はY^Sと$Y^{D'}$の交点である点AのY_Fとなり，完全雇用国民所得を実現することができるのです。

● デフレギャップを埋める政策

では，どうすれば図表5-1のY^Dを$Y^{D'}$へと上シフトさせることができるのでしょうか。$Y^D=C+I+G$だとすると，①消費（C）を増加させる減税，②投資（I）を増加させる金融政策，③政府支出（G）の増加が考えられます。いま，$C=c_0+c_1(Y-\bar{T})$，$\bar{T}$：租税（一定），$\bar{I}$：投資（一定），$\bar{G}$：政府支出（一定）とすると，

$Y^D=C+I+G$
　　$=c_0+c_1(Y-\bar{T})+\bar{I}+\bar{G}$
　　$=\underset{傾き}{\underline{c_1}}Y+\underset{定数}{\underline{c_0-c_1\bar{T}+\bar{I}+\bar{G}}}$

図表5-2 ● Y^Dの上シフトの要因

となり，図表5-2のように図示することができます。縦軸切片が$c_0-c_1\bar{T}+\bar{I}+\bar{G}$なので，一定であった$c_0$，$\bar{I}$，$\bar{G}$が増加するか，$\bar{T}$が減少すれば$c_0-c_1\bar{T}+\bar{I}+\bar{G}$の値が増加するので切片がAからA'となり，$Y^D$が$Y^{D'}$へと上シフトします。ただし，このうち$c_0$は基礎消費で生存に必要不可欠な消費なので政策的に変化させることはできず，減税で$\bar{T}$を減らすか，金融政策で利子率を引き下げて投資（$\bar{I}$）を増やすか，政府支出（$\bar{G}$）

> 利子率が下がると投資が増えるという説明は第3回でおこないましたが，45度線分析では利子率一定の仮定があるので，投資量は一定です。

を増やすかです。

> ## デフレギャップの定義
>
> $Y = Y_F$ のときの超過供給 → 現実の国民所得（$Y^s = Y^D$ となる Y^*）
> は Y_F より小さくなるため
> 失業が発生する

●インフレギャップ

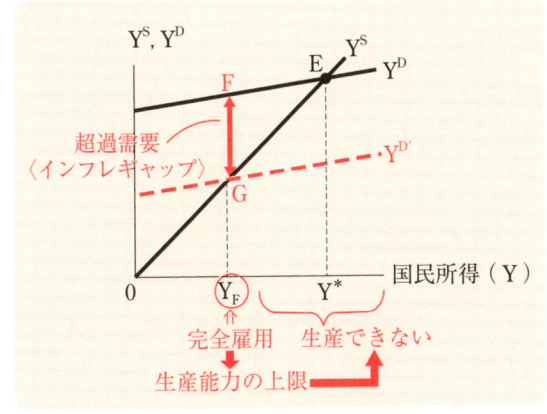

　インフレギャップは，デフレギャップとは逆に生産物市場の需要が図5-3の Y^D のように多すぎるケースです。このとき Y^S と Y^D の交点Eの均衡国民所得は Y^* ですが，この国民所得は実現できません。なぜなら完全雇用国民所得（Y_F）は働く意思と能力がある人は全員働いているので生産能力の上限であり，この Y_F よりも大きな Y^* を実現することはできないからです。

図表5-3 ●インフレギャップ

（一時的には Y_F より大きな Y は可能かもしれませんが長くはつづきません。）

　Y_F が Y の上限とすると，横軸の Y が Y_F のとき FG だけ超過需要があり，このままでは物価がどんどん上昇しインフレになってしまいます。
（インフレとはインフレーションの略で物価の持続的上昇を意味します。）
ですから，$Y = Y_F$ のときの超過需要（図表5-2のFG）を**インフレギャップ**といいます。

　なお，45度線分析は物価一定の仮定があるのですが，これは不況期には物価が下がらないという仮定であって，ケインズ自身も，需要が多すぎるときには，物価は持続的に上昇しインフレーションになるといっ（ケインズは**真正インフレーション**とよびました。）

ています。

　そして、インフレーションを抑えるには、インフレギャップ（図表5-3のFG）分だけ需要を削減し、Y^D を $Y^{D'}$ へと下シフトさせればよいのです。

インフレギャップの定義

$Y = Y_F$ のときの超過需要 → 生産能力の上限でも需要が多い
↓
インフレ

●インフレ抑制策

　では、Y^D から $Y^{D'}$ へと需要を削減するにはどうしたらよいのでしょうか。こんどはデフレギャップ時の需要増加策とはまったく逆のことをすればよいのです。$Y^D = C + I + G$ なので、①消費（C）を減らすための増税、②投資（I）を減少させるための金融政策（利子率引き上げ）、③政府支出（G）の削減の3つです。

●総需要管理政策

　デフレギャップがあるときには、需要を拡大させる政策をおこなうことによって完全雇用国民所得を実現し、インフレギャップがあるときには、需要を抑えることによってインフレを抑えます。このように需要をコントロールすることによって、望ましい経済状態を実現しようという

> 完全雇用でありインフレがない状態。

政策を**総需要管理政策**といいます。

　それではインフレギャップ、デフレギャップの計算問題を解いてみましょう。

例題 5-1

$C=30+0.9Y$, $I=20$, $G=10$ であり，$Y_F=100$ のとき，インフレギャップ，あるいはデフレギャップを計算しなさい。

解答 & 解説

完全雇用国民所得（$Y=Y_F=100$）のとき，

・生産物市場の供給（Y^S）は，$Y^S=Y$ なので，$Y^S=Y=Y_F=100$
・生産物市場の需要（Y^D）は，$Y^D=C+I+G=30+0.9Y+20+10$
$$=60+0.9\times100=150$$
・以上より，$Y^D-Y^S=150-100=50$（超過需要）であり，完全雇用国民所得（Y_F）のとき 50 だけ超過需要となるので，インフレギャップは 50。

答 インフレギャップ 50

演習問題 5-1

空欄に適当な用語を記入しなさい。

古典派によると失業は ① と ② しか存在しない。① とは現行労働条件で働く意思のない失業であり，② は産業構造の変化や就職活動中を理由とした失業である。

これにたいし，ケインズはさらに ③ が存在するとした。③ とは，景気が悪いがゆえに企業の生産活動が低下し労働需要が減少する結果生じる失業である。古典派の場合には，③ がなくなるまで ④ が ⑤ すると考えるが，ケインズは ④ の ⑥ 性を前提とした。

解答

①自発的失業　②摩擦的失業　③非自発的失業　④賃金率　⑤下落　⑥下方硬直性

演習問題 5-2 デフレギャップについて説明しなさい。

ヒント！ 45度線分析のグラフを使って説明しよう。

解答&解説

1. デフレギャップとは，国民所得（Y）が完全雇用国民所得（Y_F）のときの超過供給（図1のAB）をいう。

2. 物価一定，利子率一定の仮定をおいた45度線分析の図が図1のようであったとする。

図1

生産物市場の需要（Y^D）
生産物市場の供給（Y^S）

3. 国民所得（Y）が完全雇用国民所得（Y_F）のときABだけ超過供給が生じ，このABがデフレギャップである。デフレギャップがあるので国民所得はY_FではなくY^*で均衡し，失業（非自発的失業）が発生する。

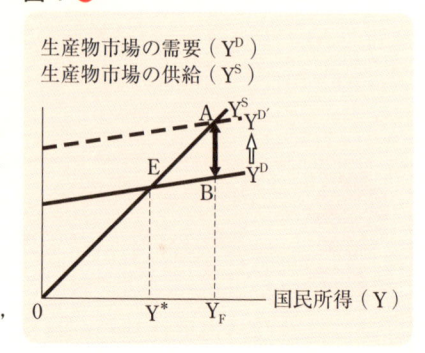

4. 国民所得をY_Fとし失業を解消させるには，需要をデフレギャップ分だけ増やしてY^Dを$Y^{D'}$と上シフトさせればよい。

以上

演習問題 5-3

経済がつぎの式であらわされるとき，どのような状態であるか説明しなさい。また，その状態から望ましい経済状態にするための政策として，どのようなものが考えられるか述べなさい。

$$C=100+0.9Y,$$
$$I=200,\ G=100,\ Y_F=2000$$

（C：消費，Y：国民所得，I：投資，G：政府支出，Y_F：完全雇用国民所得）

ヒント！ 供給（Y^S）と需要（Y^D）を比べて，デフレギャップかインフレギャップかを確認しよう。

解答＆解説

1. この経済の財市場における供給（Y^S）は，国民所得（Y）と等しいので，$Y^S=Y$ …① ← まずはこれ！

2. 需要は C, I, G があることから
   $Y^D=C+I+G$ ← これが大事！
   　　$=100+0.9Y+200+100$
   　　$=0.9Y+400$ …②

3. $Y=Y_F=2000$ のとき，①，②より
   $Y^S=Y=2000$ となるが ← Y が $Y_F=2000$ のときの供給（Y^S）
   $Y^D=0.9Y+400=0.9\times2000+400=2200$ ← Y が $Y_F=2000$ のときの需要（Y^D）

となり，200 だけ需要（Y^D）が多くインフレギャップが発生している。つまり，生産能力の上限である Y_F まで生産しても需要のほうが多いので物価が継続的に上昇するインフレーションが発生する。

4. インフレを防ぐには，インフレギャップ 200 分だけ需要（Y^D）を削減すればよく，その政策としては，①消費（C）抑制のための増税，②投資（I）抑制のための利子率引き上げ，③政府支出（G）の削減，が考えられる。

以上

LECTURE 06 乗数

　前回の講義で説明したように，デフレギャップがあるときには，①消費増加のための減税，②投資の増加，③政府支出の増加，により需要を増やし，デフレギャップを埋めることができます。今回の講義でまなぶ「乗数(じょうすう)」とは，

☑「1兆円投資が増加したとき，その何倍国民所得（Y）が増えるのか」（投資乗数），

☑「1兆円政府支出が増加したとき，その何倍国民所得（Y）が増えるのか」（政府支出乗数），

☑「1兆円減税したとき，その何倍国民所得（Y）が増えるのか」（租税乗数），

☑「1兆円輸出が増えたとき，その何倍国民所得（Y）が増えるのか」（輸出乗数）

などのことをいいます。

●投資乗数の計算

　それでは例題を解きながら投資乗数の計算方法を説明しましょう。

> **例題 6-1**
> $Y=C+I$，$C=c_0+c_1 Y$（Y：国民所得，C：消費，I：投資，c_0，c_1 は正の定数，$0<c_1<1$）であるとき，投資乗数を求めよ。

解答 & 解説

　国民所得（Y）は，供給（Y^S）と需要（Y^D）が等しくなるように決まるので，$Y^S=Y^D$ となります。また，$Y^S=Y$，$Y^D=C+I$ なので，

$Y^S = Y^D$
$Y = C + I$ と問題文の式となります。

生産物市場の均衡式とよぶことにしましょう。

この生産物市場の均衡式に，問題文の $C = c_0 + c_1 Y$ を代入し，

$Y = C + I$ ← 代入。
$Y = c_0 + c_1 Y + I$ ← $+c_1 Y$ を移項。
$Y - c_1 Y = c_0 + I$ ← Y でくくる。
$(1 - c_1) Y = c_0 + I$

$Y = \dfrac{1}{1-c_1} c_0 + \dfrac{1}{1-c_1} I$ …① ← $Y = \sim$ の形にします。

↑ 投資乗数

となります。この①式は投資（I）の前に $\dfrac{1}{1-c_1}$ がかかっているため，投資（I）が1兆円増えれば，その $\dfrac{1}{1-c_1}$ 倍だけ国民所得（Y）が増加します。つまり，投資乗数は $\dfrac{1}{1-c_1}$ となります。これを，国民所得の変化量を ΔY，投資の変化量を ΔI として，

Δ はデルタと読み，"変化後の量－変化前の量"を意味します。

$\Delta Y = \dfrac{1}{1-c_1} \Delta I$　とあらわすこともあります。

Y の変化（ΔY）は投資の変化（ΔI）の $\dfrac{1}{1-c_1}$ 倍という意味です。

もし，$C = 10 + 0.9Y$ のように，限界消費性向 $c_1 = 0.9$ のときには，投資乗数 $= \dfrac{1}{1-c_1} = \dfrac{1}{1-0.9} = \dfrac{1}{0.1} = 10$ となり，一定とした投資が1兆円増えれば，国民所得は10倍の10兆円増えることになります。

では，どうして，投資が1兆円しか増えなくても，国民所得（Y）は10倍の10兆円も増えるのでしょうか。そのメカニズムを説明しましょう。投資が1兆円増えるとは，たとえば，企業が機械を1兆円買うということですから，機械メーカーの生産量が1兆円増加します。ここで終わればGDPは1兆円しか増えないのですが，このあとがあります。機

械メーカーの生産が1兆円増えれば，機械メーカー関係者の所得が1兆円増えます。すると，限界消費性向が0.9だと1兆円×0.9＝0.9兆円だけ消費が増えます。話を簡単にするため，機械メーカー関係者は0.9兆円だけプラズマテレビを買ったとしましょう。すると，こんどはテレビメーカーの注文が0.9兆円増加するので，0.9兆円生産をし，0.9兆円だけGDPも増加します。その結果，<u>テレビメーカー関係者の所得が0.9兆円増加する</u>ので限界消費性向＝0.9より，さらに<u>0.9兆円×0.9＝0.81兆円</u>だけ消費が増加します。すると，その消費が増加した分だけ生産が増加しGDPが増え，さらに消費が増加し…と延々と続くのです。このように，投資の増加→国民所得（GDP）の増加→消費の増加→国民所得（GDP）の増加→さらなる消費の増加と，当初の投資の増加の何倍も国民所得が増加することを**乗数効果**とよびます。

投資乗数の定義

投資の変化量の何倍国民所得が変化するか

$$\Delta Y = \frac{1}{1-c_1} \Delta I$$

（ΔY：Yの変化量，ΔI：Iの変化量，c_1：限界消費性向，$0 < c_1 < 1$）

●政府支出乗数の計算

つぎに，政府支出（G）が増えたとき国民所得（Y）は何倍増えるか，という政府支出乗数の計算方法を説明しましょう。

> **例題6-2**
> 消費関数が $C = a + bY$ （a, bは定数，$a > 0$，$0 < b < 1$）であるとき，政府支出乗数を求めなさい。

> **ヒント！**
> ・例題6-1とおなじく，$Y^S = Y^D$ の式から求めます。
> ・$C = c_0 + c_1 Y$ ではなく，$C = a + bY$ と c_0 が a，c_1 が b となっただけで意味は同じです。

解答&解説

国民所得 Y は，供給（Y^S）と需要（Y^D）が等しくなるように決まるので，$Y^S=Y^D$ となります。問題文には消費と政府支出とあるので，国内の民間（消費と投資）と政府のモデルと考え，$Y^D=C+I+G$ とし政府支出（G）と投資（I）は一定とします。すると，

$$Y^S=Y^D$$
$$Y=C+I+G$$
$$Y=a+bY+\bar{I}+\bar{G} \quad (\bar{I}, \bar{G} は定数)$$
$$Y-bY=a+\bar{I}+\bar{G}$$
$$(1-b)Y=a+\bar{I}+\bar{G}$$
$$Y=\frac{1}{1-b}a+\frac{1}{1-b}\bar{I}+\frac{1}{1-b}\bar{G} \quad \cdots ②$$

- $C=a+bY$, $I=\bar{I}$, $G=\bar{G}$ を代入。
- bY を左辺へ移項。
- Y でくくる。
- $Y=\sim$ の形にします。

↑投資乗数　↑政府支出乗数

②式より，一定であるはずの $\bar{G}$ が増加すると，その $\frac{1}{1-b}$ 倍だけ Y が増加します。つまり，政府支出乗数 $=\frac{1}{1-b}$ です。ここで，政府支出の変化量を ΔG，国民所得の変化量を ΔY とすると，

$$\Delta Y=\frac{1}{1-b}\Delta G$$

Y の変化（ΔY）は政府支出の変化（ΔG）の $\frac{1}{1-b}$ 倍という意味です。

じつは②式からは，投資乗数についても $\frac{1}{1-b}$ であることがわかります。

例題1の投資乗数は $\frac{1}{1-c_1}$ でしたが，例題2では $\frac{1}{1-b}$ となっています。これは例題1では $C=c_0+c_1Y$ の限界消費性向を c_1 としたのですが，例題2では $C=a+bY$ と b であらわしたからです。

政府支出乗数の定義

政府支出の変化量の何倍国民所得が変化するか

$$\Delta Y=\frac{1}{1-b}\Delta G$$

（ΔY：Y の変化量，ΔG：G の変化量，
b：限界消費性向，$0<b<1$）

●租税乗数の計算

こんどは，租税（T）が変化したときに国民所得（Y）が何倍変化するかという租税乗数を計算しましょう。

> **例題 6-3**
> 財市場の需要が，消費（C），投資（I），政府支出（G）からなり，$C=c_0+c_1(Y-T)$，$I=I_0$（一定），$G=G_0$（一定），$T=T_0$（一定）という経済を考える。このとき，10兆円の減税は，国民所得をどれだけ増加させるかを計算しなさい。

ヒント！
- 投資乗数，政府支出乗数と同様に，$Y^S=Y^D$ の式から $Y=\sim$ の式に変形して乗数を求めます。
- 財市場の需要は生産物市場の需要（Y^D）のことです。
- 一定である T，I，G が T_0，I_0，G_0 とかかれており，例題6-2の $\bar{T}$，$\bar{I}$，$\bar{G}$ とちがっていますが，出題者の好みなので気にしないでください。

解答＆解説

国民所得は $Y^S=Y^D$ となる水準に決まるので，

$$Y^S=Y^D$$
$$Y=C+I+G$$
$$Y=c_0+c_1(Y-T_0)+I_0+G_0 \quad \leftarrow C=c_0+c_1Y,\ I=I_0,\ G=G_0,\ T=T_0 \text{を代入。}$$
$$Y=c_0+c_1Y-c_1T_0+I_0+G_0 \quad \leftarrow \text{カッコをはずす。}$$
$$Y-c_1Y=c_0-c_1T_0+I_0+G_0 \quad \leftarrow c_1Y \text{を左辺へ移項。}$$
$$(1-c_1)Y=c_0-c_1T_0+I_0+G_0 \quad \leftarrow Y \text{でくくる。}$$
$$Y=\frac{1}{1-c_1}c_0-\frac{c_1}{1-c_1}T_0+\frac{1}{1-c_1}I_0+\frac{1}{1-c_1}G_0 \quad \cdots ③ \quad \leftarrow Y=\sim \text{の形にする。}$$

（租税乗数　投資乗数　政府支出乗数）

③式より，一定である T_0 が変化すれば，その $-\dfrac{c_1}{1-c_1}$ 倍変化します。

つまり，租税乗数 $=-\dfrac{c_1}{1-c_1}$ というわけです。租税の変化を ΔT，国民

所得の変化を ΔY とすると,

$$\Delta Y = -\frac{c_1}{1-c_1}\Delta T$$

> Y の変化（ΔY）は租税の変化（ΔT）の $-\dfrac{c_1}{1-c_1}$ 倍という意味です。
> ③式からは，投資乗数と政府支出乗数が $\dfrac{1}{1-c_1}$ であることもわかります。

投資乗数と政府支出乗数が $\dfrac{1}{1-c_1}$ であるのにたいして，租税乗数は $-\dfrac{c_1}{1-c_1}$ というように符号がマイナスで，値も $\dfrac{1}{1-c_1}$ ではなく $\dfrac{c_1}{1-c_1}$ と小さくなっています。

> $0 < c_1 < 1$ なので $\dfrac{1}{1-c_1} > \dfrac{c_1}{1-c_1}$ となります。

まず，租税乗数の符号がマイナスになっているのは，租税（T）が増えると可処分所得（$Y-T$）が減少し，その結果，消費（C）$= c_0 + c_1(Y-T)$ ⇓ も減少するので，需要（Y^D）$= C$ ⇓ $+ I + G$ も減少してしまう，というのがその理由です。

つぎに，租税乗数の中味が $\dfrac{c_1}{1-c_1}$ と，政府支出乗数や投資乗数の $\dfrac{1}{1-c_1}$ より小さい理由を説明しましょう。国民所得を増やすには租税を少なくする必要があります。減税とは租税を少なくするので，租税の変

> 減税です。

化量（ΔT）はマイナスです。$\Delta T = -1$ 兆円，つまり，1 兆円減税した場合を考えましょう。

> ΔT とは T の変化量（変化後の T −変化前の T）ですから，T が減るときには ΔT はマイナスの値となります。

1 兆円の減税により可処分所得（$Y-T$）が 1 兆円増加し，消費は $C = c_0 + c_1(Y-T)$ より，$c_1 \times 1$ 兆円 $= c_1$ 兆円増えます。$Y^D = C + I + G$

（+1 兆円）

なので，消費（C）が c_1 兆円増加すれば需要（Y^D）も c_1 兆円だけ増加します。

これにたいして，投資（I）や政府支出（G）が1兆円増加した場合，$Y^D = C + I + G$ より，Y^D が1兆円増加し，減税1兆円のときの需要（Y^D）の増加 c_1 兆円よりも大きくなるのです。以上を整理すると以下のようになります。

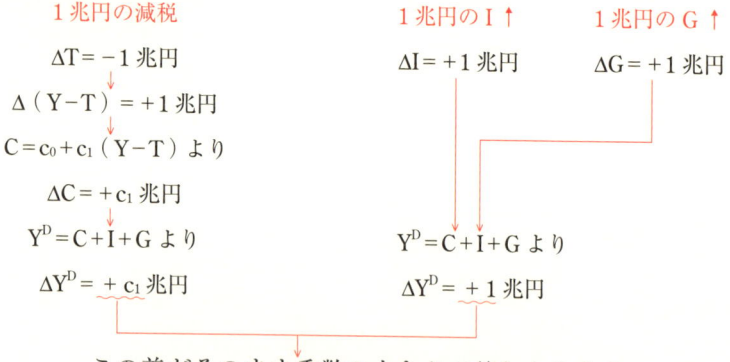

+1兆円　+1兆円

限界消費性向 c_1 は $0 < c_1 < 1$ で 1 より小さいのです。

1兆円の減税
$\Delta T = -1$ 兆円
$\Delta(Y-T) = +1$ 兆円
$C = c_0 + c_1(Y-T)$ より
$\Delta C = +c_1$ 兆円
$Y^D = C + I + G$ より
$\Delta Y^D = +c_1$ 兆円

1兆円の I ↑
$\Delta I = +1$ 兆円

1兆円の G ↑
$\Delta G = +1$ 兆円

$Y^D = C + I + G$ より
$\Delta Y^D = +1$ 兆円

この差がそのまま乗数の大きさの差となります。

租税乗数の定義

租税の変化量の何倍国民所得が変化するか

$$\Delta Y = \frac{-c_1}{1-c_1} \Delta T$$

（ΔY：Y の変化量，ΔT：T の変化量，c_1：限界消費性向，$0 < c_1 < 1$）

● 均衡予算乗数

　均衡予算とは，増税により調達した資金（ΔT）のぶんだけ政府支出を増やす（ΔG）ことをいいます。$\Delta T = \Delta G$ ですので，政府の収入と支出は，赤字にも黒字にもならずバランスするので，**均衡予算**といいます。たとえば，1兆円増税して，その1兆円分だけ政府支出も増やすということです。そしてそのとき，1兆円（$= \Delta T = \Delta G$）の何倍国民所得（Y）が変化するかが**均衡予算乗数**です。均衡予算は増税と政府支出増加を同時におこなうので，政府支出の効果と増税の効果を足し合わせることにより，均衡予算の効果をつぎのように求めることができます。

政府支出増加の効果 $\quad \Delta Y_1 = \dfrac{1}{1-c_1}\Delta G$

> 政府支出増加の効果と増税の効果は値がちがうので記号も ΔY_1, ΔY_2 のようにちがうものにします。

増税の効果 $\quad \Delta Y_2 = \dfrac{-c_1}{1-c_1}\Delta T$

+)
─────────────────────────

均衡予算の効果 $\quad \Delta Y_1 + \Delta Y_2 = \dfrac{1}{1-c_1}\Delta G + \dfrac{-c_1}{1-c_1}\Delta T$

> 均衡予算なので $\Delta T = \Delta G$

$$= \dfrac{1}{1-c_1}\Delta G + \dfrac{-c_1}{1-c_1}\Delta G$$

$$= \left(\dfrac{1}{1-c_1} + \dfrac{-c_1}{1-c_1}\right)\Delta G$$

$$= \dfrac{1-c_1}{1-c_1}\Delta G$$

$$= \boxed{1}\times \Delta G$$

↑ 均衡予算乗数は 1

このようにして均衡予算乗数は 1 とわかりましたが,$c_1 = 0.9$ という具体例で確認しておきましょう。$c_1 = 0.9$ のとき,

政府支出増加の効果 $\quad \Delta Y_1 = \dfrac{1}{1-0.9}\Delta G = \dfrac{1}{0.1}\Delta G = 10\Delta G$

増税の効果 $\quad \Delta Y_2 = \dfrac{-0.9}{1-0.9}\Delta T = \dfrac{-0.9}{0.1}\Delta T = -9\Delta T$

+)
─────────────────────────

均衡予算の効果 $\quad \Delta Y_1 + \Delta Y_2 = 10\Delta G - 9\Delta T$

> 均衡予算なので $\Delta T = \Delta G$

$$= 10\Delta G - 9\Delta G$$

$$= \Delta G\ (\ = \underline{1\times \Delta G}\ )$$

↑ 均衡予算乗数は 1

となります。つまり,1 兆円増税して,その 1 兆円だけ政府支出を増やすと,その 1 倍,つまり,1 兆円 × 1 倍 = 1 兆円だけ国民所得(Y)が増加するということです。なぜ,1 倍だけ Y が増えるかというと,政府

> 乗数が 1 とは 1 倍だけ増えるということであって,Y が増えないということではありません。Y が増えないときは乗数は 0 となります。

支出乗数は租税乗数と+−の符号が逆なのですが,その値が政府支出乗

数のほうが大きいので，増税のマイナス効果を引いてもYが増えるのです。

均衡予算乗数の定義

増税（ΔT）した分だけ政府支出（ΔG）を増やしたときに，その何倍国民所得は増えるか

⇓

政府支出の効果＋増税の効果

$$\frac{1}{1-c_1} + \frac{-c_1}{1-c_1} = \frac{1-c_1}{1-c_1} = 1$$

演習問題 6-1

経済が以下の式で示されるとき，政府支出乗数，投資乗数，租税乗数を求めなさい。

$Y = C + I + G$

$C = c_0 + c_1(Y - T)$

$T = T_0$（一定），$I = I_0$（一定），$G = G_0$（一定）

（Y：国民所得，C：消費，I：投資，G：政府支出，T：租税，c_0, c_1 は定数，$c_0 > 0$，$0 < c_1 < 1$）

ヒント！
① $Y^S = Y^D$ の式に代入し
② $Y = \sim$ と整理して乗数を求めます。

解答＆解説

$Y^S = Y^D$

$Y = C + I + G$ ← これはすでに問題文にあります。

$Y = c_0 + c_1(Y - T_0) + I_0 + G_0$ ← 問題文の条件を代入

$Y = c_0 + c_1 Y - c_1 T_0 + I_0 + G_0$

$Y - c_1 Y = c_0 - c_1 T_0 + I_0 + G_0$

$(1 - c_1)Y = c_0 - c_1 T_0 + I_0 + G_0$

$Y = \dfrac{1}{1-c_1} c_0 - \dfrac{c_1}{1-c_1} T_0 + \dfrac{1}{1-c_1} I_0 + \dfrac{1}{1-c_1} G_0$ ← $Y = \sim$ の式にする。

租税乗数　投資乗数　政府支出乗数

答 政府支出乗数 $\dfrac{1}{1-c_1}$, 投資乗数 $\dfrac{1}{1-c_1}$, 租税乗数 $-\dfrac{c_1}{1-c_1}$

演習問題 6-2
$Y=C+I+G$, $C=20+0.8Y$, $I=10$, $G=20$ の経済において，政府支出を10増加させると国民所得はどれだけ増加するか。

ヒント！ まず，政府支出乗数を求めます。

解答＆解説

$Y^S = Y^D$
$Y = C + I + G$
$Y = 20 + 0.8Y + 10 + G$ ← ここに$G=20$を入れるとYとGの関係である政府支出乗数が求まらないので気をつけて‼
$Y - 0.8Y = 30 + G$
$0.2Y = 30 + G$
$Y = \dfrac{30}{0.2} + \dfrac{1}{0.2}G$ ← $Y=～$の式にする。
$Y = 150 + \underbrace{5}_{政府支出乗数}G$

$\Delta Y = 5\Delta G$ となり，問題文より政府支出の増加 $\Delta G = 10$ なので
$\Delta Y = 5 \times (+10) = +50$

答 国民所得は50増加する

演習問題 6-3
均衡予算乗数について説明しなさい。

ヒント！ 均衡予算乗数とは政府支出乗数と租税乗数の合計です。

解答＆解説

1. 均衡予算乗数とは，増税により調達した資金（ΔT）だけ政府支出を

増加させたときに,その ΔT ($=\Delta G$) の何倍国民所得が変化するかということである。

2. $Y^S=Y$, $Y^D=C+I+G$, $C=c_0+c_1(Y-T)$, $I=I_0$ (一定), $G=G_0$ (一定), $T=T_0$ (一定) という経済を想定する。ただし,Y^S は生産物市場の供給,Y^D は生産物市場の需要,C は消費,I は投資,G は政府支出,T は租税,c_0, c_1 は定数,$c_0>0$, $0<c_1<1$ である。

3. (1) 均衡予算による国民所得への効果は,政府支出増加の効果と増税の効果を足し合わせればよい。

(2) 政府支出増加 (ΔG) の効果を ΔY_1 とすると,

$$\Delta Y_1 = \frac{1}{1-c_1}\Delta G \quad \cdots ①$$

(3) 増税 (ΔT) の効果を ΔY_2 とすると,

$$\Delta Y_2 = -\frac{c_1}{1-c_1}\Delta T \quad \cdots ②$$

(4) ①,②を合計し,

$$\Delta Y_1 + \Delta Y_2 = \frac{1}{1-c_1}\Delta G - \frac{c_1}{1-c_1}\Delta T \quad \cdots ③$$

ここで均衡予算なので $\Delta T=\Delta G$ より,③は

$$\Delta Y_1 + \Delta Y_2 = \frac{1}{1-c_1}\Delta G - \frac{c_1}{1-c_1}\Delta G \text{ と書き換えることができ,}$$

$$= \left(\frac{1}{1-c_1} - \frac{c_1}{1-c_1}\right)\Delta G = \underline{1 \times \Delta G}$$

となり,均衡予算乗数は 1 と求められる。

以上

LECTURE 07 貨幣と債券

　資産には，貨幣のほかに株式，土地，宝石，債券（さいけん）などさまざまなものがあります。しかし数多くの資産の分析は複雑になってしまうので，マクロ経済学では，通常資産は貨幣と債券だけと仮定します。このとき，貨幣は安全だが利益率の低い資産の代表，債券はリスクはあるが利益率

(現金や定期預金などです。)　　(株式や土地など価格が変動する資産です。)

が高い資産の代表と考えてください。

資産

マクロ経済では，資産は貨幣と債券のみと仮定
　　　　　　　↗　　　↖
　　安全だが低い利益率　　リスクがあるが高い利益率

●貨幣＝現金＋預金

　それでは，まず**貨幣**からお話ししましょう。「貨幣ってお金でしょ，いまさら説明しなくてもわかっている」といわれそうですが，では，貨幣と現金のちがいを答えることができるでしょうか？　意外とむずかしいと思いますのでしっかりと聞いてください。

　貨幣とは，①交換の仲介機能，②価値尺度機能，③価値保蔵機能をもつものをいいます。①**交換の仲介機能**とは，会社員は働いて貨幣をお給料としてもらって，その貨幣で必要なモノを買います。これは労働力を提供してモノを消費しているのですが，間に貨幣を仲介させています。もし貨幣が仲介していない**物々交換経済**だと，たとえば昼ごはんを食べ

(貨幣が仲介している経済は**貨幣経済**といいます。)

たいときにはお店をみつけるだけではなく，ちょうど労働力をほしがっているお店をみつけなくてはなりません。ところが，貨幣があるおかげで，会社員は会社に労働力を提供し貨幣を受け取り，その貨幣さえもっていれば，あとはお店を探すだけでよいのです。

「貨幣お断り！」というお店はないからです。

つぎに，貨幣の②**価値尺度機能**とは，財の価値は貨幣の単位で表示さ

日本国内では"円"で表示されます。

れるということです。もし，貨幣のない物々交換経済だと，パソコンはりんご 500 個だが携帯電話はみかん 650 個，のようにあらわされて，どちらが高いか安いかがわからなくなってしまいます。

貨幣の③**価値保蔵機能**とは，貨幣は腐ってなくなったら困るので，長持ちするものでなくてはならないということです。

貨幣とは

① 交換仲介機能
② 価値尺度機能 ｝をもつもの
③ 価値保蔵機能

そして，この3つの機能をもつものには**現金**（Cash）だけではなく，**預金**（Deposits）もふくまれます。なぜなら，現金をもっていなくても普通預金さえあれば，いざというときにはコンビニや銀行で現金をおろしてつかうことができるので，ほとんど現金とかわらないからです。ですから，貨幣＝現金＋預金となります。

貨幣とは

貨幣 ＝ 現金 ＋ 預金
Money　Cash　Deposits

●債券

債券とは，国や企業が資産調達の際に発行する有価証券です。具体的 〔商品券や図書券のようにお金に近い価値のあるものです。〕
には図表7-1のように，発行日，償還日，金額，発行者，利率が書いて
〔借りた日です。〕〔返済日です。〕
あります。債券を買った人からみれば，100万円お金を貸して毎年10
万円の利子が入ってくるので100万円の定期預金と似ていますが，定期
〔100万円×0.1（10％）〕
預金は預け入れ期間の途中で他人に権利を譲渡することができないのに
たいして，債券なら譲渡することができます。
〔期間の途中の債券を証券会社で売って，貨幣にかえることができます。〕

債券に記載してある利率，たとえば図表7-1の10％は約束した利率なので，その後，低金利時代になったからといって，10％から勝手に下げれば契約違反となってしまいます。ですから，債券に記載されている利率は，一定の10％のままなので**確定利子率**とよびます。
〔利率，利子率，金利はここではおなじと思ってください。〕

図表7-1では確定利子率が10％となっていますが，どうして10％としたのでしょうか。それは発行当時の2005年の4月の利子率が10％だったからです。当時の定期預金の金利などが10％だったから，10％の確定利子率で資金を調達したのです。そして，その後，現実の利子率が

図表7-1 ●債券

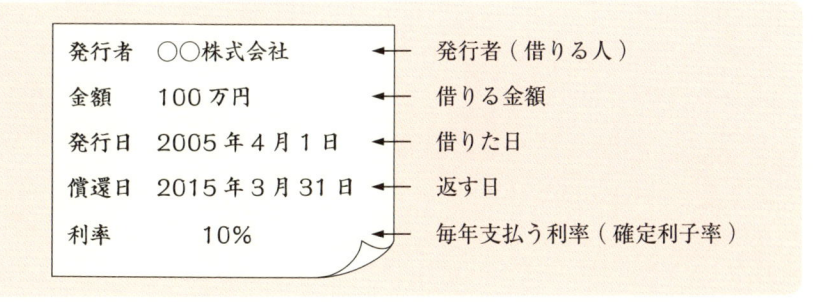

発行者	○○株式会社	← 発行者（借りる人）
金額	100万円	← 借りる金額
発行日	2005年4月1日	← 借りた日
償還日	2015年3月31日	← 返す日
利率	10％	← 毎年支払う利率（確定利子率）

10％→8％→6％→4％とどんどん下がっても、債券の確定利子率は10％のまま変わらないのです。

> 債券の**確定利子率**と、債券発行後に日々変化する**現実の利子率**と、利子率は2つあり、この2つを混同しないことがポイントです。

●債券と利子率

ではつぎに、債券と利子率の関係を考えましょう。ここで利子率とは債券の確定利子率ではなく、日々変化する現実の利子率です。また、債券についても、現時点で新しく発行される債券ではなく、過去に発行された債券の価格について考えます。なぜ、新発債ではなく既発債を考えるかというと、資産として債券をもとうと証券会社に買いに行くと、今日発行された債券（新発債）の量よりも、過去に発行された債券（既発債）が期間の途中で売買されている量のほうが多いからです。

> 新発債（しんぱつさい）とよばれます。

> 既発債とよばれます。

では、図表7-1の2005年に発行された債券が、期間途中の2010年にどのくらいの価格になっているかを考えましょう。まず、その前提として、図表7-1の債券を買った人の資金の流れを図表7-2に整理しておきましょう。

図表7-2●債券保有者の資金の流れ

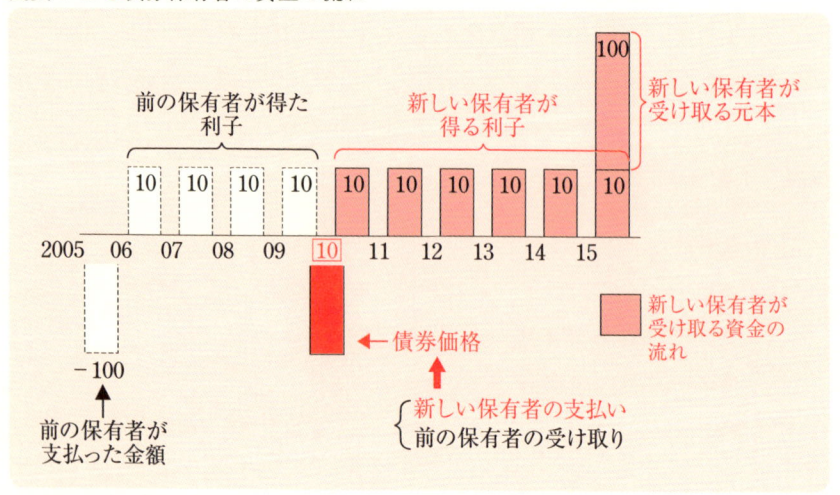

図表7-1の債券を2010年に買う人は，2010年時点での債券価格の代金を支払うので，その分だけ資金の流れはマイナスとなりますが，2010年から2015年まで10万円の利子を毎年6回受け取り，2015年には元本100万円を受け取ります。

|ケース1|　2010年時点での現実の利子率が20％に上昇

　2005年の債券発行時には10％の利子率が，その後20％に上昇したというケースです。このとき，2010年の時点で，定期預金の金利も20％となっていますから，100万円預金すれば毎年20万円ずつ利子がつくので，毎年10万円しか利子を得られない債券の魅力は低くなり，100万円よりも安くなっていきます。2015年には100万円の元本が戻ってくるので，債券価格が60万円や70万円まで値下がりすれば30〜40万円の利益が見込めます。こうして毎年の利子が安くても割に合うようになります。

（上昇した利子率は現実の利子率であって確定利子率ではありません。）

|ケース2|　2010年の時点で現実の利子率が5％に低下

　2005年の債券発行時には10％だった利子率が，その後低下し5％になったというケースです。このとき2010年での定期預金の金利は5％ですから，100万円預金しても毎年100万円×5％＝5万円の利子しか得られません。そのため，毎年10万円の利子が得られる債券のほうが利益が大きいので，100万円から値上がりしていきます。もし債券が100万円から120万円に値上がりすると，120万円で買って2015年に100万円しか返ってこないので20万円損しますが，2010年から2015年まで利子が定期預金より5万円多く得られるので，十分割に合います。

　|ケース1|より，利子率が上昇すると債券価格が下がり，|ケース2|より，

（ここでいう利子率とは上昇したり下落したりする，債券発行後に変動する現実の利子率です。確定利子率ではありません!!）

講義07●貨幣と債券　　81

利子率が下落すると債券価格が上がるといえるのですが，この部分は多くの人がわからなくなる難所なので，もう一度，別の表現で説明しましょう。

つまり，現実の利子率が上昇し20％になっても，債券の確定利子率は10％とかわらず魅力がなくなるので債券価格は下がり，現実の利子率が5％に低下しても確定利子率は10％のままかわらず，こんどは債券の確定利子率の魅力が高まるので債券価格は上昇するのです。

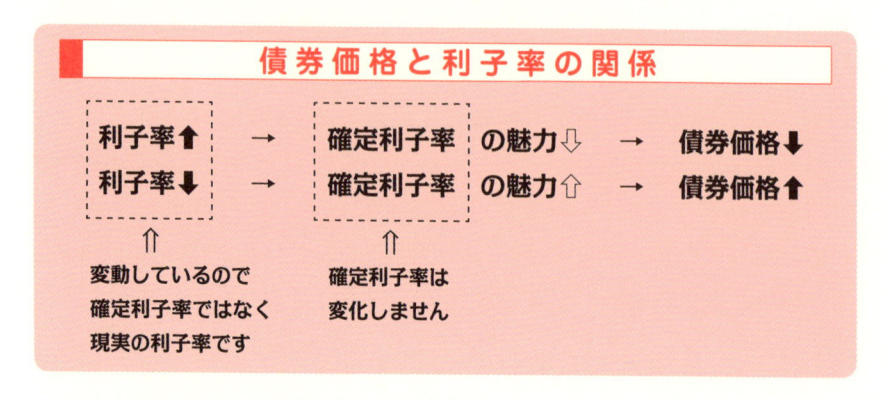

債券価格と利子率の関係

利子率↑ → 確定利子率 の魅力⇩ → 債券価格↓
利子率↓ → 確定利子率 の魅力↑ → 債券価格↑

⇧
変動しているので
確定利子率ではなく
現実の利子率です

⇧
確定利子率は
変化しません

なお，利子率と債券価格が逆方向にうごきますが，2つの数が逆方向にうごく関係を**減少関数**といいます。そこで，債券価格は利子率の減少関数という表現をすることもあります。

現実の市場利子率は日々変動しています。債券価格はその減少関数なので，逆方向に日々変動するのです。このような債券価格の変動を利用して，安いときに債券を買い，値上がりしたら売れば利益を得ることが

（このように，将来の値上がりによる利益を目的とした取引を**投機**といいます。）

できます。しかし，自分の予想とは反対に，債券を買ったあとで値下がりすれば損失をこうむってしまうという可能性もあります。ですから，債券は高リスク高利益率な資産の代表といえるのです。

もっとも，高リスク高利益率な資産としては，株式のほうが世間一般になじみが深いのですが，株式よりも債券のほうが利子率との関係がはっきりしているので，貨幣需要の説明がしやすいという特徴があります。

（次回の講義で「貨幣の資産需要（L_2）」として説明します。）

だからこそ，ケインズは株式ではなく債券を高リスク高利益率な資産の代表に選んだのです。

● ワルラスの法則

さて，貨幣と債券という2つの資産の説明をしましたが，マクロ経済学では貨幣市場についてはくわしく説明するのにたいし，債券市場はあまりあつかいません。これはワルラスの法則というものがあるので，わざわざ両方の市場を分析しなくても，片方だけ分析すれば十分だからなのです。では，そのワルラスの法則について説明しましょう。

ワルラスの法則とは，「複数の市場があるときに，1つを除くすべての市場の状態がわかっていれば，残りの1つの市場の状態もわかる」というものなのですが，いま，資産は貨幣と債券の2つしかないと仮定しているので，この2つの市場を具体例にワルラスの法則について考えてみたいと思います。

図表 7-3 のように当初，貨幣市場，債券市場ともに需要と供給が均衡していたとします。貨幣は 100，債券は 300 なので総資産は 100＋300＝400 となります。

あるとき，人々の貨幣需要量が 100 から 70 に減ったとしましょう。貨幣供給量が 100 のままかわらなければ，貨幣市場は 30 だけ超過供給

> これは世の中に存在する貨幣量なので，人々の貨幣需要が減ってもかわりません。くわしくは次回説明します。

となります。

図表 7-3 ● ワルラスの法則

	貨幣市場		債券市場		総資産
	需要	供給	需要	供給	
当　初	100	100	300	300	400
変化後	70	< 100	330	> 300	400

超過供給 30 ➡ 超過需要 30

貨幣需要が100から70へ減少したということは，人々の債券を保有したいという債券需要量は300から330に増えることになります。

> 資産は貨幣と債券しかないとしているので，貨幣需要が減少すれば必ず債券需要は増加します。

　債券供給量が300のままであれば，債券市場は30だけ超過需要となります。

　このように，貨幣と債券と2つの市場しかない場合には，貨幣市場が30だけ超過供給であれば，ワルラスの法則より債券市場はその正反対の状態で30だけ超過需要だとわかるので，わざわざ貨幣市場と別に債券市場を分析する必要がないのです。これはスポーツの試合で，「日本がアメリカに3対2で勝った」と日本の成績がわかれば，わざわざ「アメリカは日本に2対3で負けた」などといわなくてもよいということとおなじです。

演習問題 7-1

空欄に適当な語句を書きなさい。
　マクロ経済学では資産を ① と ② の2つだけと単純化することが多く，① とは ③ ④ ⑤ という機能をもつものをいい，具体的には ⑥ と ⑦ である。
　一方，② は高リスク高収益な資産であり ⑧ の減少関数である。通常 ⑨ より，2つの市場のうち1つの市場を分析すればよく，貨幣市場を中心に分析がおこなわれる。

解答
①貨幣　②債券　③④⑤交換仲介機能，価値尺度機能，価値保蔵機能
⑥現金　⑦預金　⑧利子率　⑨ワルラスの法則

講義 LECTURE 08 利子率の決定

　前回の講義では，資産は貨幣と債券の2つしかないものと仮定し，その場合，ワルラスの法則より貨幣市場だけを分析すれば，債券市場はわざわざ分析しなくても正反対だからわかる，ということでした。そこで，今回はもっぱら貨幣市場に焦点をあてて，話をすすめたいと思います。

　ここでは，「利子率とは貨幣のレンタル価格であり，貨幣の需要と供給が等しくなる水準に決まる」という**ケインズ**の考えた**流動性選好説**を勉強します。

> **流動性**とはいろいろなものとの交換のしやすさをいい，貨幣はその流動性が高いので人々は貨幣をもちたがるのだとケインズが考えたことに由来します。流動性のもともとの意味は液体の性質で，英語でLiquidityといいます。ですから，この頭文字Lか，M^D（Money Demandの略）を貨幣需要の記号として使います。

はじめに貨幣需要について説明し，つぎに貨幣供給，そしてさいごに，利子率が貨幣需要と貨幣供給により決まることを説明します。

図表8-1 ●講義の概要

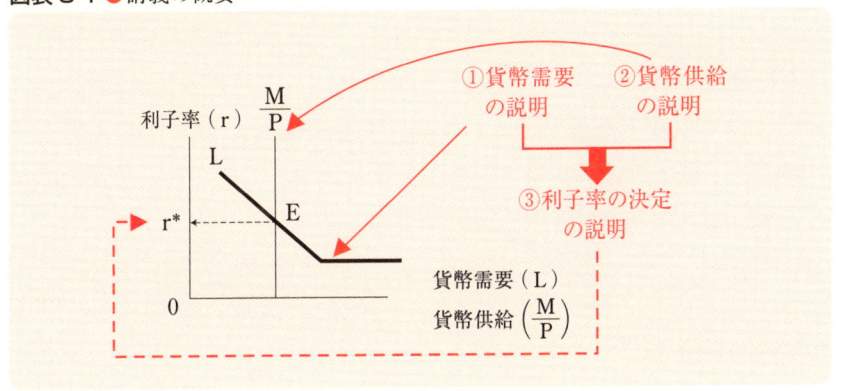

●貨幣需要

貨幣需要とは，人々が貨幣を保有したい量のことです。ケインズは人々が貨幣を保有する動機として，①取引動機，②予備的動機，③投機的動機の3つがあると考えました。

①取引動機

取引，つまり，物の売り買いをするときには貨幣が必要だから貨幣を保有するのだ，ということです。これは「あたり前」という感じでわかっていただけると思います。そして，国民所得（GDP）が大きいと経済取引が活発となるので，取引のための貨幣はたくさん必要になります。つまり，国民所得（Y）が増加すれば取引動機の貨幣需要も増加します。

> 国民所得と取引動機の貨幣需要はおなじ方向にうごくので，「取引動機の貨幣需要は国民所得の**増加関数**」といいます。

②予備的動機

これは，万が一の支出にそなえて貨幣を保有するというものです。たとえば，今日は大学に行くだけで，昼食と飲み物で1000円くらいしかつかわないから財布に1000円しか入れない，という人は少ないでしょう。多くの人は少し多めに4～5千円くらいもっているのではないでしょうか。この少し多めにもっているのは，万が一の支出にそなえているからではないでしょうか。もしそうであれば，それが予備的動機です。国民所得（GDP）が多いときには取引金額が多く，万が一の支出も多いので，予備的動機の貨幣需要も多くなります。ですから，予備的動機の貨幣需要も国民所得の増加関数です。

> 国民所得が増えれば予備的動機と貨幣需要も増えるという関係でしたね。

③投機的動機

投機とは，将来の値上がりによる利益を目的とした取引のことをいいます。「値上がりしない貨幣を，投機目的でもちたいとは思わないので

はないか！」と思われるかもしれません。そう思った人は鋭いのですが，じつはそうではないのです。

　マクロ経済学では資産を貨幣と債券の2つのみと仮定し，貨幣は低リスク低収益，債券は高リスク高収益の資産の代表と考えます。

> 貨幣は値上がりや値下がりせずに価値が安定しているということです。1万円札は常に1万円だということですね。

> これにたいし，債券は(現実の)利子率と逆に動きます。利子率は日々変動しているので債券価格は逆方向に変動します。価格が変動するので安いときに買って高くなったら売って利益を得ようという投機の対象となるのです。

そうであるならば，「投機対象として貨幣を保有するというのはおかしいのではないか」という意見にも一理あります。しかし，債券への投機で利益を得ようと思ったら，いつでも債券をもてばそれだけでよい，というものではありません。債券が値下がりしそうだと思ったら，債券を売って値下がりを防ぐ必要があるのです。いま，資産は債券と貨幣の2つしかありませんから，債券を売ると貨幣を保有することになります。

> 貨幣は値下がりしないので安心です。

つまり，積極的に儲けようとするのは債券なのですが，債券が値下がりしそうであれば，値下がりする前に債券を売って貨幣を保有することで，値下がり損を防ごうとするのです。このように，投機的動機による貨幣需要とは，債券の値下がりを防ぐために，安全な貨幣を保有するということなのです。

　そして，現実の利子率が下がると，債券の確定利子率の魅力が高まり

> 現実の利子率が下がっても，債券の確定利子率は発行時に約束したものでかわりません。

債券価格が高くなります。債券価格が高くなると値下がりのおそれがで

> 値下がりした債券はやがて元の価格に戻るだろうという前提をおいています。

てくるので，高いうちに債券を売って利益を得ようとします。つまり，債券を売って代わりに貨幣を得ようとするので，債券需要は減少し貨幣需要は増加します。

> 「債券需要の減少」＝「貨幣需要の増加」と正反対となるのは，まさしくワルラスの法則です。

　反対に，現実の利子率が上がると，確定利子率の魅力がなくなり，債券価格は下落し安くなるので，安いいまのうちに債券を買おうとするた

め，債券需要が増加し，貨幣需要は減少します。

> 一定額の資産のうち，債券をたくさんもとうとすれば
> 貨幣を保有する量は必ず減ります（ワルラスの法則）。

　なお，資産として債券をもつのか貨幣をもつのか，という判断の結果としての貨幣需要は，取引や万が一の取引とは関係ないので，①取引動機や②予備的動機ではなく，債券の値上がりで儲けるという投機活動の一環なので，ケインズは投機的動機による貨幣需要とよびました。

　投機的動機による貨幣需要はつまづきやすい論点ですので，図表8-2に整理しておきましょう。

図表 8-2 ●投機的動機による貨幣需要

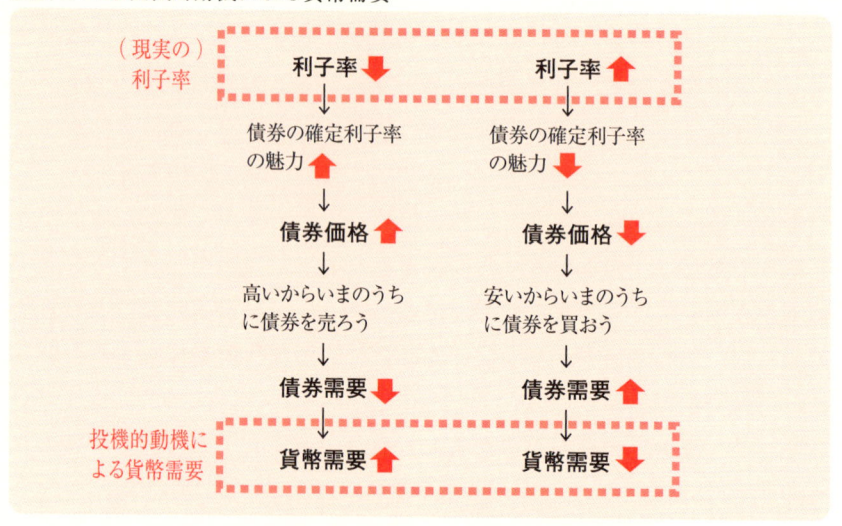

（現実の）利子率	利子率 ⬇	利子率 ⬆
	↓	↓
	債券の確定利子率の魅力 ⬆	債券の確定利子率の魅力 ⬇
	↓	↓
	債券価格 ⬆	債券価格 ⬇
	↓	↓
	高いからいまのうちに債券を売ろう	安いからいまのうちに債券を買おう
	↓	↓
	債券需要 ⬇	債券需要 ⬆
	↓	↓
投機的動機による貨幣需要	貨幣需要 ⬆	貨幣需要 ⬇

　利子率が下落すれば投機的動機による貨幣需要は増加し，利子率が上昇すれば投機的動機による貨幣需要は減少します。

> 投機的動機による貨幣需要は利子率と逆にうごくので，「投機的動機による貨幣需要は利子率の減少関数」といいます。**減少関数**とは，2つの数が逆方向にうごく関係を意味しますが，おぼえていますか。

　このように，ケインズは人々が貨幣を保有する動機として，①取引動機，②予備的動機，③投機的動機の3つを考えましたが，①取引動機と

②予備的動機は，ともに取引に関連したものであり国民所得（Y）の増

> ①取引動機は事前にわかっている取引，②予備的動機は予測しない取引，というちがいはあります。

加関数なので，ひとまとめにして**貨幣の取引需要（L_1）**とします。

> 貨幣需要（L）の第1号という意味です。このあと第2号（L_2）がでてきます。

そして，投機的動機の貨幣需要は，資産として貨幣をもつか債券をもつのか，という判断の結果として貨幣を保有するものですから，**貨幣の資産需要（L_2）**とよびます。では，貨幣需要について図表8-3に整理しておきましょう。

図表8-3 ●貨幣需要

ケインズの考えた3つの動機

①取引動機 ─┐
②予備的動機 ─┴→ 貨幣の取引需要（L_1）→ 国民所得（Y）の増加関数
　　　　　　　　　　Y⬆ ⇒ L_1⬆

③投機的動機 ──→ 貨幣の資産需要（L_2）→ 利子率（r）の減少関数
　　　　　　　　　　r⬆ ⇒ L_2⬇

　つぎに，図表8-3で整理した貨幣需要のグラフを描いてみましょう。貨幣の取引需要（L_1）は国民所得の増加関数，つまり，国民所得（Y）が増えると貨幣の取引需要（L_1）も増えるので，横軸に国民所得（Y），縦軸に貨幣の取引需要（L_1）をとると図表8-4のように右上がりのグラ

> 図表8-4では直線にしていますが直線になるとはかぎりません。

フとなります。同様に，横軸に貨幣の資産需要（L_2），縦軸に利子率（r）をとると，貨幣の資産需要（L_2）は利子率（r）の減少関数，つまり，利子率（r）が下落すると貨幣の資産需要（L_2）が増加するので図表8-5のような右下がりのグラフとなります。

図表 8-4 ●貨幣の取引需要（L_1）

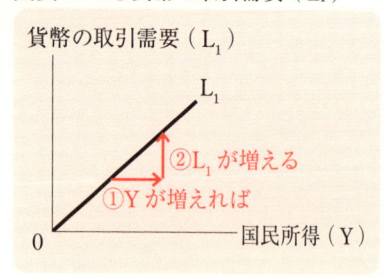

貨幣の取引需要（L_1）
②L_1が増える
①Yが増えれば
国民所得（Y）

図表 8-5 ●貨幣の資産需要（L_2）

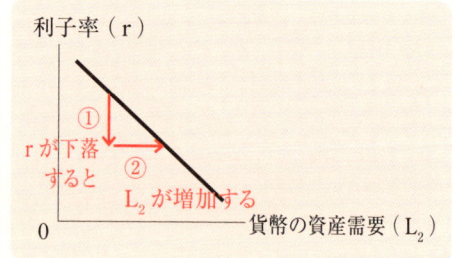

利子率（r）
①
rが下落すると
②L_2が増加する
貨幣の資産需要（L_2）

● 流動性の罠

　図表8-5で，利子率（r）が下がると貨幣の資産需要（L_2）が増える，という右下がりのグラフを描きましたが，利子率が非常に低くなり，だれもが「もうこれ以上利子率は下がらないだろう」という最低の状態になると，状況がかわってきます。この最低の利子率の状態を**流動性の罠**とよびますが，よく試験にでるところですのでくわしく説明することにしましょう。

　最低の利子率の状態では債券価格は最高となります。
利子率が低いと債券の確定利子率の魅力が大きくなるので債券価格は上昇するのでしたね。
債券価格が最高ということは，すべての人が最高の価格で債券を売って利益を得ようとします。全員が債券を売って貨幣に交換したいと思うので，この瞬間に貨幣の資産需要（L_2）はとても大きくなります。図表8-6において，最低の利子率をr_0とすると，r_0では貨幣の資産需要（L_2）曲線は水平になります。水平とは横軸のL_2がきわめて大きいというこ

図表 8-6 ●流動性の罠

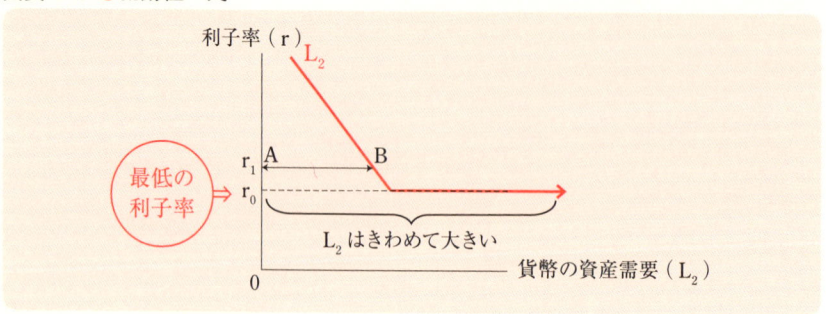

利子率（r）
L_2
r_1 A　　B
r_0
最低の利子率
L_2はきわめて大きい
貨幣の資産需要（L_2）

とです。

　この最低の利子率r_0よりも少しだけ高い利子率（たとえば図表8-5のr_1）の場合には，貨幣の資産需要（L_2）はABのような大きさで，それほど大きくはありません。なぜなら，r_1のときには，利子率がr_0まで下がって債券価格が上がる可能性があり，全員がいっせいに債券を売って貨幣を保有したいと思うとはかぎらないからです。

> もう少し債券価格が上がるまで売るのは待とうという人々がいるということです。

●貨幣需要（L）＝取引需要（L_1）＋資産需要（L_2）

　こんどは，利子率と貨幣需要（L）の関係をあらわした貨幣需要曲線について考えましょう。貨幣需要（L）は，貨幣の取引需要（L_1）と資産需要（L_2）を合計したものです。貨幣の取引需要のグラフ（図表8-4とおなじ）と，資産需要のグラフ（図表8-5とおなじ）を，図表8-7，8-8にふたたび登場させて説明しましょう。

図表8-7 ●貨幣の取引需要（L_1）

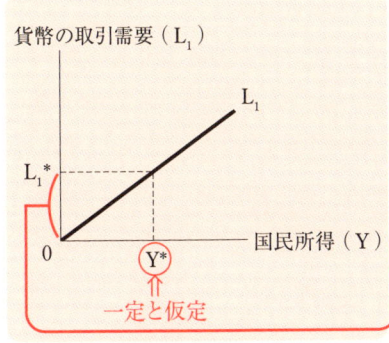

図表8-8 ●貨幣需要（L）＝L_1＋L_2

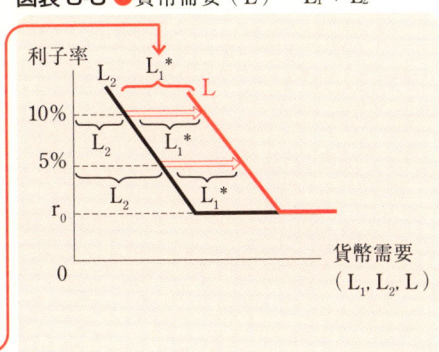

　いま，貨幣市場の分析に集中するために，生産市場で決まる国民所得（Y）はY^*で一定と仮定します。

> もし国民所得（Y）がうごいてしまうと，どうして国民所得がうごいたのかということを生産物市場のY^DとY^Sにさかのぼって調べなくてはならなくなります。

国民所得がY^*のとき，図表8-7より貨幣の取引需要（L_1）がL_1^*であったとします。

貨幣需要 L=L_1+L_2 なので，図表 8-8 において，r=10%のときには L_2 に L_1^* だけ右に足したものが L となり，5%のときも同様に L_2 に L_1^* だけ足して L を求めることができます。このようにして，貨幣需要曲線（L）は，資産需要曲線（L_2）を取引需要（L_1^*）の分だけ右へ移動させたものになります。

これで，やっと貨幣需要曲線（L）を描くことができました。では，つぎに貨幣供給について説明しましょう。

● 貨幣供給

名目貨幣供給量は中央銀行が一定になるようにコントロールしている

> 貨幣＝現金＋預金が何円あるかということです。

> 現金である紙幣を発行する銀行をいい，日本では日本銀行です。

と仮定し，その金額を M_0 とします。経済学では名目貨幣供給量（M）ではなく実質貨幣供給量 $\left(\dfrac{M}{P}\right)$ で考えます。

> 実質とは表面上の値ではなく，物価の変動を考慮した値で，物何個分かで計算したものです。実質貨幣供給量は「物何個買える分の貨幣か」を意味します。

これは，わたしたちにとっては表面的な金額である名目よりも，物何個買える分の貨幣かという実質貨幣供給量のほうが重要だからです。たとえば，財布にあるお金が 5000 円から 10000 円へと 2 倍になったとしま

> 名目貨幣量（M）が 2 倍です。

しょう。それと同時に，すべてのモノの価格が 2 倍となると，いままで

> 価格の平均値の物価（P）も 2 倍となります。

と買えるモノの量はかわらなくなってしまい，実質的には以前と比べ何

> 実質貨幣供給量は不変です。

の変化もないことになります。このことを式であらわすと，

$$\dfrac{名目貨幣供給量（M）\;\Uparrow \times 2}{物価（P）\;\Uparrow \times 2} = 実質貨幣供給量 \times 1$$

物何個買える分か　以前とおなじ

となります。反対に，財布にあるお金が 5000 円でかわらなくても，物

価が半分に下がれば2倍の量の物を買うことができるので，実質的にはお金を2倍もっていることになります。これも式であらわすと，

$$\frac{名目貨幣供給量（M）}{物価（P）\downarrow \times \frac{1}{2}} \times 1 = 実質貨幣供給量 \Uparrow \times 2$$

となります。なお，ここでは話を複雑にしないため，物価（P）も一定で変化しないと考えます。すると，名目貨幣供給量（M）は中央銀行が一定にコントロールしており，物価も一定と仮定しているので，実質貨幣供給量 $\left(\frac{M}{P}\right)$ も $\frac{M_0}{P_0}$ ←一定 で 一定となります。

（その値を M_0 とします。）　（その値を P_0 とします。）

実質貨幣供給量

中央銀行が一定にコントロール ──→ M_0（一定）
　　　　　　　　　　　　　　　　─────────── = 実質貨幣供給量（一定）
物価一定と仮定 ──────────→ P_0（一定）

図表 8-9 ●実質貨幣供給量のグラフ

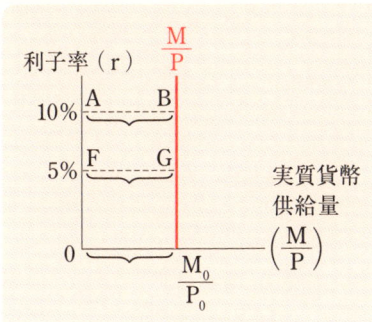

（グラフ：縦軸 利子率（r），横軸 実質貨幣供給量 $\left(\frac{M}{P}\right)$，垂直線 $\frac{M}{P}$ が $\frac{M_0}{P_0}$ の位置に。10% の高さに A, B、5% の高さに F, G）

ところで，貨幣需要（L）のときには，名目貨幣需要と実質貨幣需要とを区別していなかったのですが，じつは実質貨幣需要で議論しています。ですから，L が実質なので，わざわざ P で割って $\frac{L}{P}$ とする必要はありません。

それでは実質貨幣供給量 $\left(\frac{M_0}{P_0}\right)$ は一定だとわかったところで，そのグラフを図表 8-9 に描くと，垂直な直線となります。なぜなら，縦軸の利子率（r）が10％のときの実質貨幣供給量は $\frac{M_0}{P_0}$（AB の大きさ）で，5％のときでも $\frac{M_0}{P_0}$（FG）でおなじ大きさだからです。

●利子率の決定

ケインズは，利子とはいろいろな物と交換しやすいという便利な性質をもつ貨幣を，一定期間手放すことの報酬だとしました。ようするに利子とは貨幣のレンタル価格で，レンタルDVDを借りたらレンタル料を支払うように，貨幣を借りたら利子を支払うのだと考えたのです。ただ，貨幣のレンタル価格は，2泊3日で○○円という形ではなく，年○○%とパーセント表示することが多く，これを利子率とよぶのです。そして，ケインズは，利子率は貨幣の需要と供給によって決まる，という**流動性選好説**という考えを創りあげたのです。

(物を買うとはじつは貨幣と物を交換していることなのです。)

それでは，図表8-10に，貨幣需要曲線（図表8-8のL）と貨幣供給曲線（図表8-9の$\frac{M}{P}$）を同時に描いて，利子率の決定の説明をしましょう。

図表8-10 ●利子率の決定（流動性選好説）

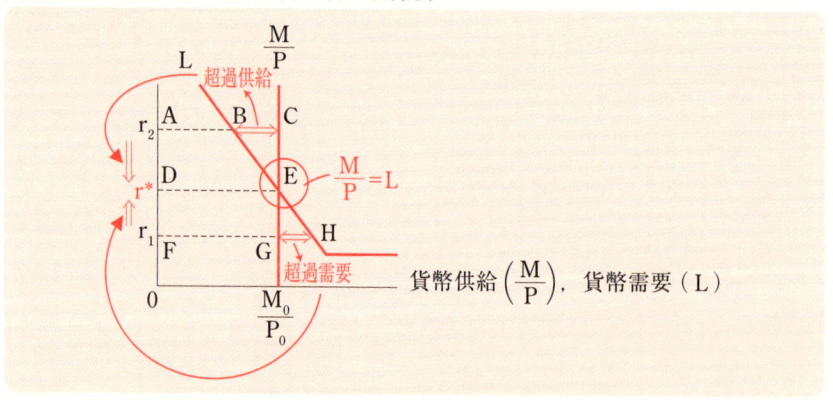

ケインズは図表8-10において，貨幣市場が均衡するのは点Eであり，

$$貨幣供給\left(\frac{M}{P}\right) = 貨幣需要（L）$$

そのときの利子率r^*に決まると考えます。なぜなら，もし利子率がr^*

(均衡利子率といいます。)

よりも高い r_2 であると，貨幣供給 $\left(\dfrac{M}{P}\right)$ は AC なのに貨幣需要（L）は AB しかないので，BC だけ超過供給となります。超過供給があれば貨幣が残ってしまうので，レンタル価格である利子率は下がり，r^* へ向かうからです。また，利子率が r^* よりも低い r_1 であるとすると，こんどは貨幣供給 FG にたいして貨幣需要 FH となり，GH だけ超過需要になるので，貨幣を保有したいのにもてないという人がでてきます。そうすると，貨幣のレンタル価格である利子率は r_1 から上昇し，r^* へ向かっていくのです。

演習問題 8-1

つぎの空欄に適当な語句をうめなさい。

　① によれば，人々が貨幣を保有する動機は ② 動機，③ 動機，④ 動機の3つである。② 動機と ③ 動機はともに ⑤ の増加関数なので ② 需要とよばれる。また，④ 動機による貨幣需要は ⑥ 需要とよばれ，⑦ の減少関数となる。

　① は ⑧ と ⑨ が等しくなる水準に利子率が決まると考え，このような考えを ⑩ とよぶ。

解答

①ケインズ　②取引　③予備的　④投機的　⑤国民所得（GDP）　⑥資産　⑦利子率　⑧⑨貨幣供給，貨幣需要　⑩流動性選好説

演習問題 8-2

流動性選好理論について説明しなさい。

ヒント！
・流動性選好理論とは流動性選好説のこと。
・本格的な論文試験のときには，貨幣供給と貨幣需要もくわしく説明しよう。

解答＆解説

1. 流動性選好理論とは，ケインズの考えた利子率の決定理論であり，

利子率は貨幣の需要と供給が等しくなる水準に決まるとする。いま，名目貨幣供給率は M_0 で一定，物価も P_0 で一定，国民所得も Y_0 で一定とする。

2. 仮定より，実質貨幣供給量は $\dfrac{M_0}{P_0}$ となり一定なので，図1において貨幣供給曲線 $\left(\dfrac{M}{P}\right)$ は $\dfrac{M_0}{P_0}$ で垂直な直線となる。

3. （1）貨幣需要（L）は，取引需要（L_1）と資産需要（L_2）からなる。
（2）取引需要（L_1）とは，取引のための貨幣需要であり，国民所得の増加関数であるが，いま国民所得は Y_0 で一定なので，取引需要も L_1^* で一定となる。

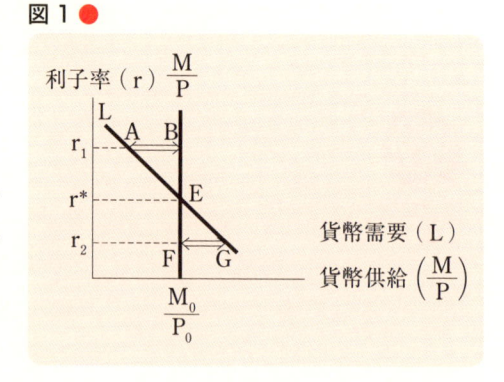

図1

（3）資産需要とは，取引とは関係なく資産として貨幣を保有することをいい，利子率の減少関数である。
（4）貨幣需要（L）は，取引需要（L_1）と資産需要（L_2）を足したものであり，利子率の減少関数となるため，貨幣需要曲線は図1のLのように右下がりとなる（ただし流動性の罠では水平）。

流動性の罠を説明すると長くなるので省略しましたが，
「しっているぞ！」ということをアピールするために書きました。

4. 利子率は，貨幣供給 $\left(\dfrac{M}{P}\right)$ と貨幣需要（L）が等しくなる水準 r^* に決まる。なぜなら，r_1 のように r^* よりも利子率が高いと超過供給（AB）が生じて利子率は下落し，r_2 のように r^* よりも利子率が低いと超過需要（FG）が発生して利子率は上昇し，r^* に向かうからである。

以上

講義 LECTURE 09 金融政策の手段と効果

　前回（第8回）の講義で，利子率は貨幣の需要と供給が等しくなる水
（ケインズの流動性選好説といいましたね。）
準に決まるということを勉強しました。そして第3回では，利子率が下
がると投資が増えるということを勉強しました。

（第3回の話なので忘れてしまったかもしれません。投資の限界効率（利益率）が銀行に
支払う利子率よりも大きければ投資します。そして，利子率が下がると，利子率よりも高
い投資の限界効率の投資案件が増えるので投資が増えることになります。）

この2つを組み合わせて金融政策の効果について説明しましょう。そし
てつぎに，どのように中央銀行が貨幣供給をおこなうのかという仕組み
（中央銀行の供給した現金が何倍の貨幣を創り出すのかということです。）
について説明し，さいごに，貨幣供給量をコントロールする手段につい
て説明します。

● 金融政策の効果

　金融政策とは，中央銀行が貨幣供給量をコントロールすることによっ
て生産物市場の需要（Y^D）を調整し，**完全雇用**，**物価の安定**という政
（国民所得を完全雇用国民所得（Y_F）にするということです。）（インフレを防ぐことです。）
策目標を実現することです。

　中央銀行は，「貨幣供給量の調整→利子率の調整→投資量の調整→生
産物市場の需要（Y^D）の調整→完全雇用・物価の安定」というルート
で政策目標を実現していくのですが，そのことを不況で失業が発生して
いるときと，インフレのときにわけて説明することにしましょう。

①**不況で失業が発生しているとき**

生産物市場の需要（Y^D）が少ないので企業の生産量も少なく，国民所
〔企業への注文が少ないということです。〕
得（GDP）が小さくなり失業が生じているとしましょう。
〔生産量が少なければ労働需要量が減る結果，失業が生じます。〕
これは第5回で説明したデフレギャップが生じている状態です。このデフレギャップのグラフ図表5-1と，利子率決定のグラフ図表8-8と，投資曲線のグラフ図表3-7をつかって，金融政策の効果について説明しましょう。

いま，図表5-1において，需要がY^D線だったとしましょう。すると，生産物市場の供給（Y^S）と需要（Y^D）が等しくなる点EのY^*が国民所得となります。しかし，完全雇用国民所得はY_Fなので，Y^*ではY_Fより小さいため，労働市場においては労働需要が少なく，労働市場における売れ残り，つまり，

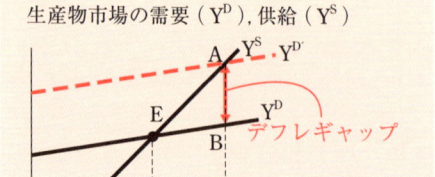

図表5-1 ●デフレギャップ

生産物市場の需要（Y^D），供給（Y^S）

現実の国民所得 Y^*　望ましい国民所得 Y_F
失業 ⇐ 完全雇用

失業が発生しています。このような状態では，Y_Fの国民所得だとAB
だけ生産物市場は超過供給になってしまい，このABをデフレギャップ
といいました。

完全雇用国民所得（Y_F）を実現し失業を解消するには，デフレギャップAB分だけ需要を増やせばよいのです。
〔Y^D曲線を$Y^{D'}$へと上シフトさせるということです。〕
そのためには中央銀行は貨幣供給量を増やし，利子率を下落させることによって投資を増やせばよいのです。
〔Y^D=C+I+Gなので，投資（I）は生産物市場における需要（Y^D）となります。〕
そのことを図表8-10と図表3-7をつかって説明しましょう。

図表 8-10 ●利子率の決定　　　　**図表 3-7** ●投資曲線

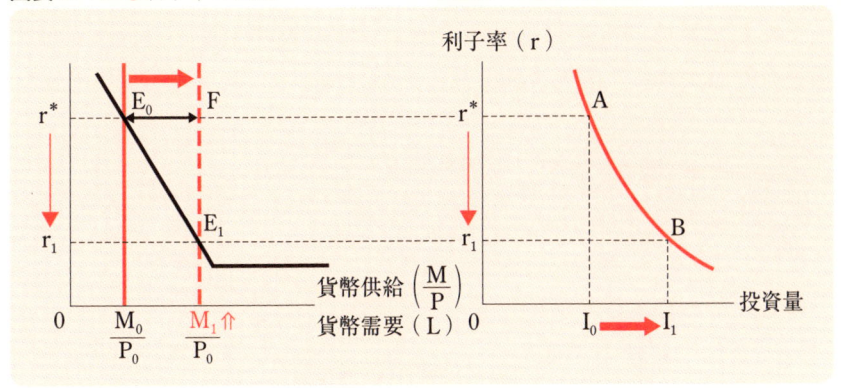

中央銀行が，名目貨幣供給量を M_0 から M_1 へと増加させたとしましょう。物価は P_0 のまま一定と仮定すると，実質貨幣供給量は $\frac{M_0}{P_0}$ から $\frac{M_1}{P_0}$ へと増加します。これは図表8-10において，貨幣供給 $\left(\frac{M}{P}\right)$ 線の右シフトとなり，利子率は点 E_0 の r^* から点 E_1 の r_1 へと下落します。これは，貨幣供給量の増加によって，r^* のままでは E_0F だけ超過供給となり，超過供給がなくなる r_1 まで下落するためです。

利子率が r^* から r_1 へと下落すれば，図表3-7の投資曲線より，投資（量）は I_0 から I_1 へと増加します。そして，$Y^D = C + I + G$ ですから，前ページの図表5-1の Y^D 線が，Y^D から $Y^{D'}$ へと上シフトすることによって，デフレギャップがなくなって，国民所得は $Y^{D'}$ と Y^S の交点 Y_F となり，完全雇用が実現し，失業を解消させることができます。

このように，貨幣供給量を増加させることによって利子率を低下させ，さらにそれによる投資の増加で，国民所得を増加させる政策を**金融緩和**といいます。

②インフレが発生しているとき

こんどは逆に、生産物市場の需要（Y^D）が大きすぎてインフレが発生している状態を、図表5-3をふたたび登場させて考えることとしましょう。

生産物市場の需要（Y^D）が大きく、図表5-3のY^DのようにY^D線が上方にあったとしましょう。このとき、生産能力の上限である完全雇用国民所得（Y_F）であってもFGだけ超過需要が生じ、物価がどんどん上昇しインフレとなってしまいます。

図表5-3 ●インフレギャップ

（労働市場では）完全雇用
生産能力の上限

ですからFGをインフレギャップとよびました。

インフレを抑えるには、インフレギャップFGぶんだけ需要$Y^D=C+I+G$を減らす必要があります。こんどは逆に、中央銀行が名目貨幣供給量をM_0からM_1へ減少させて、利子率をr_0からr_1へと引き上げ（図表9-1）、投資量を減らせば（図表9-2）よいのです。このように、貨幣供給量を減らすことによって、生産物の需要を減らす政策を**金融引締め**といいます。

図表9-1 ●貨幣供給量を減少させる

①貨幣供給量が減る
②利子率上昇

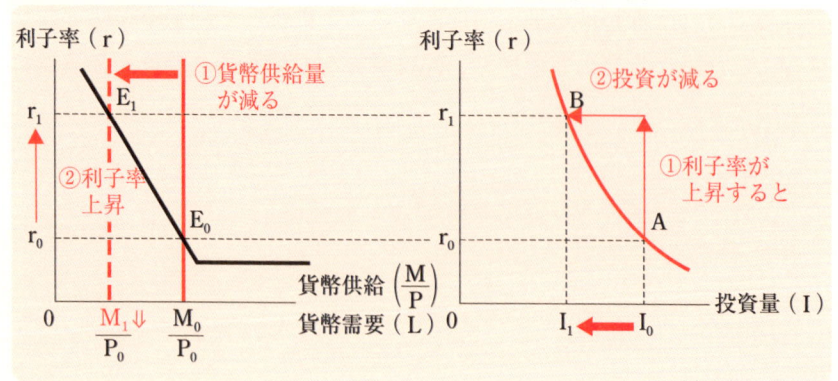

貨幣供給 $\left(\dfrac{M}{P}\right)$
貨幣需要（L）

図表9-2 ●投資量が減る

②投資が減る
①利子率が上昇すると

投資量（I）

金融政策の効果
金融緩和　　$M\uparrow \to \dfrac{M}{P}\uparrow \to r\downarrow \to I\uparrow \to Y^D\uparrow \to Y\uparrow \to$労働需要$\uparrow$ 　　　　　　　　　　　　　　　　　　　　　　　　　　$\to$失業解消
金融引き締め　$M\downarrow \to \dfrac{M}{P}\downarrow \to r\uparrow \to I\downarrow \to Y^D\downarrow \to$インフレギャップ解消 　　　　　　　　　　　　　　　　　　　　　（超過需要） 　　　　　　　　　　　　　　　　　　　　　　　　　　$\to$インフレ抑制

●中央銀行

　もうすでに何度も**中央銀行**という言葉をつかっていますが，ここで正確に定義しておきましょう。中央銀行とは①**発券銀行**，②**銀行の銀行**，③**政府の銀行**，という3つの機能をもつ銀行のことをいいます。①の発券銀行とは現金である紙幣を発行することをいい，②の銀行の銀行とは，銀行が資金不足に陥ったときに貸し出しをするということで，③の政府の銀行とは中央銀行のなかに政府の口座があり，政府の収入と支出を管理するということです。日本では日本銀行が唯一の中央銀行です。

中央銀行とは
①発券銀行，②銀行の銀行，③政府の銀行

●貨幣供給の仕組み

　それでは，つぎに，中央銀行がどのように貨幣供給をおこなうかということを説明します。「中央銀行はただ現金である紙幣を発行すればよいのでは」と思われるかもしれませんが，現実にはもう少し複雑なのです。なぜなら，貨幣＝現金＋預金なので，現金だけでなく預金もあり，この預金は中央銀行ではなく，わたしたちがおこなうものだからです。抽象的に説明してもわかりにくいので，図表9-3の具体例で説明することにしましょう。

①最初に，中央銀行が100万円を市中銀行に供給したとしましょう。

> 現金である紙幣を発行する中央銀行以外の銀行を**市中銀行**といいます。
> わたしたちが利用している銀行はすべて市中銀行です。

この中央銀行が最初に供給した現金（100万円）が，何倍もの貨幣を生み出すことになるので，**ハイパワードマネー**とよばれます。

> High Powered Money：強い力を与えられた貨幣という意味です。

人によっては，もととなる貨幣という意味で，**マネタリーベース**とか**ベースマネー**ともいいます。

②中央銀行から100万円を受け取ったA銀行は，a商事にその100万円を貸し出しします。

③A銀行から100万円を借り入れたa商事は，その100万円で工事代金をb建設に支払います。

④⑤b建設は，受け取った100万円のうち10%の10万円を現金で保有し，90%の90万円をB銀行に預金したとします。

> 現金と預金の比率が10%：90%なので，**現金預金比率** $= \dfrac{現金（C）}{預金（D）} = \dfrac{1}{9}$

図表9-3 ●貨幣供給の仕組み

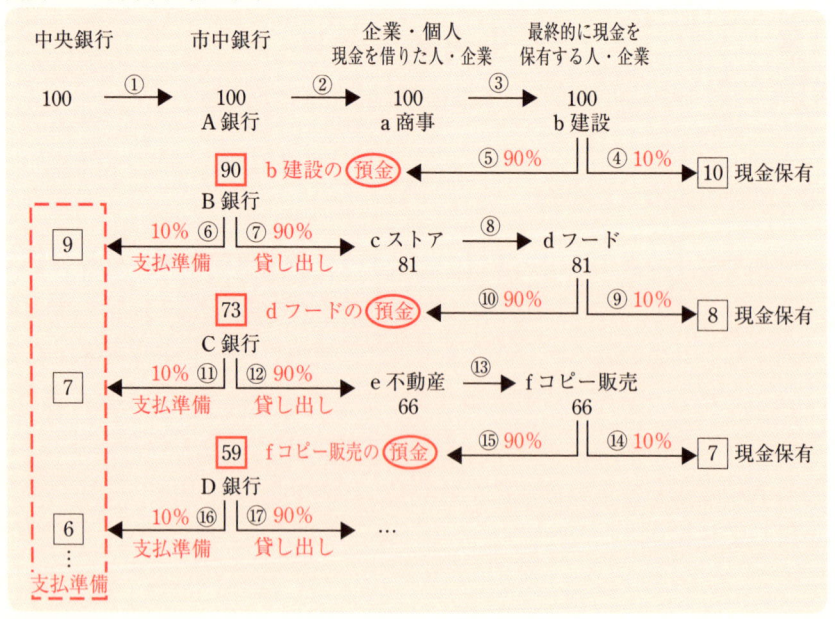

中央銀行	市中銀行	企業・個人 現金を借りた人・企業	最終的に現金を 保有する人・企業
100 ①→	100 A銀行	②→ 100 a商事	③→ 100 b建設
	90 b建設の預金 B銀行	⑤90%←	④10%→ 10 現金保有
9	10% ⑥ 支払準備 / ⑦90% 貸し出し	cストア 81	⑧→ dフード 81
	73 dフードの預金 C銀行	⑩90%←	⑨10%→ 8 現金保有
7	10% ⑪ 支払準備 / ⑫90% 貸し出し	e不動産 66	⑬→ fコピー販売 66
	59 fコピー販売の預金 D銀行	⑮90%←	⑭10%→ 7 現金保有
6	10% ⑯ 支払準備 / ⑰90% 貸し出し	…	

支払準備

⑥ 90万円の預金を預かったB銀行は，預金のうち10%は支払準備として中央銀行に預けたとします。支払準備とは預金者が現金をおろしにきたときに備えて，預金のうち貸し出さずに準備しておく現金のことで，預金（D）にたいする支払準備（R）の割合 $\frac{R}{D}$ を**支払準備率**といい，こ

（英語でDeposits） （英語でReserve）

こでは0.1（10%）です。また，法令で必要最低限の支払準備率が定められており，必要最低限の支払準備率を**法定準備率**といいます。

⑦ B銀行は，90万円の預金のうち10%の9万円は中央銀行に支払準備として預け，残りの81万円をcストアに貸し出しします。

⑧ 81万円を借り入れたcストアは，その81万円でdフードに食品の代金を支払います。

⑨⑩ 81万円を受け取ったdフードは，81万円の10%の8万円を現金として保有し，90%の73万円をC銀行に預金します。

> 現金預金比率 $\left(\frac{現金（C）}{預金（D）}\right)$ を $\frac{1}{9}$ としています。

⑪⑫ dフードから73万円の預金を預かったC銀行は，その10%の7万円を支払準備として中央銀行に預け，残りの90%の66万円をe不動産に貸し出しします。

> 支払準備率＝$\frac{支払準備（R）}{預金（D）}$ を10%（0.1）としています。

⑬ 66万円を借り入れたe不動産は，fコピー販売にコピー機の代金を支払いました。

⑭⑮ 66万円を受け取ったfコピー販売は，10%の7万円を現金として

> 現金預金比率＝$\frac{現金（C）}{預金（D）}=\frac{1}{9}$ としています。

保有し，残りの90%（59万円）をD銀行に預金します。

⑯⑰ fコピー販売から59万円の預金を預かったD銀行は…と延々とつづきます。

このように，中央銀行が最初に供給した100万円（ハイパワードマネーです。）が何度も貸し出しと預金をくりかえすことによって，預金は

　　　　B銀行にあるb建設の預金 90
　　　　C銀行にあるdフードの預金 73
　　　　D銀行にあるfコピー販売の預金 59 …

と生まれていき，この3つの預金を合計しただけでも

　　　　90＋73＋59＝222（万円）

と，中央銀行が最初に供給した100万円（ハイパワードマネーです。）をはるかに上回っています。

このように，おなじ現金が何度も貸し出しと預金をくりかえされることによって，預金がどんどん創られます。このことを**預金創造**とか**信用創造**といいます。貨幣＝現金＋預金ですから，預金が増えれば貨幣も増えます。

● 貨幣乗数

それでは，中央銀行が最初に供給したハイパワードマネーの，何倍の貨幣が生み出されるのでしょうか。それをあらわすのが貨幣乗数です。貨幣乗数を m，ハイパワードマネーを H，貨幣を M とすると，貨幣（M）はハイパワードマネー（H）の m 倍生まれるので

$$M = m \times H$$

となり，m＝〜の形にすると次のようになります。

$$m = \frac{M}{H} \quad \begin{matrix} \leftarrow 貨幣 \\ \leftarrow ハイパワードマネー \end{matrix} \quad \cdots ①$$

↑
貨幣乗数

ここで，**貨幣（M）＝現金（C）＋預金（D）** …②

（Cashの略です。）　（Depositsの略です。）

です。また，中央銀行が最初に供給した100万円はすべてが現金という

「貨幣＝現金＋預金」というときの現金とは，日銀や市中銀行の金庫にある現金は含まず，企業や個人間で流通している現金のことをさします。

形で個人・企業の手元に残るわけではなく，一部は支払準備という形で中央銀行に戻ってしまいます。ですから

$$現金（C）＝ハイパワードマネー（H）－支払準備（R） \quad \cdots ③$$

- 現金（C）↑ 流通している現金
- ハイパワードマネー（H）↑ 中央銀行が最初に供給した現金
- 支払準備（R）↑ 中央銀行に戻ってしまった現金

という関係になります。①，②，③式より，

$$m = \frac{貨幣（M）}{ハイパワードマネー（H）} = \frac{現金（C）＋預金（D）}{現金（C）＋準備（R）}$$

（支払準備ではなく，単に準備とよばれるのが一般的です。）

となり，分母と分子に $\frac{1}{D}$ を掛けると

$$m = \frac{M}{H} = \frac{C+D}{C+R} = \frac{(C+D) \times \frac{1}{D}}{(C+R) \times \frac{1}{D}} = \frac{\frac{C}{D}+\frac{D}{D}}{\frac{C}{D}+\frac{R}{D}} = \frac{\frac{C}{D}+1}{\frac{C}{D}+\frac{R}{D}}$$

- $\frac{C}{D}$ 現金預金比率
- $\frac{R}{D}$ 支払準備率

となります。なぜ，分母と分子に $\frac{1}{D}$ を掛けるかというと，そのことにより $\frac{R}{D}$ という支払準備率がでてくるからです。この支払準備率はすぐ後でくわしく説明しますが，これは中央銀行がコントロールする数字で，金融政策ではとても重要です。

貨幣乗数（m）の計算

$$貨幣乗数（m） = \frac{M}{H} = \frac{C+D}{C+R} = \frac{\frac{C}{D}+1}{\frac{C}{D}+\frac{R}{D}}$$

- M：貨幣供給量
- H：ハイパワードマネー
- C：現金
- D：預金
- C+R の C：現金，R：準備
- $\frac{C}{D}$：現金預金比率
- $\frac{R}{D}$：支払準備率

講義09●金融政策の手段と効果

さきほどの図表9-3の例をこの式で計算すると，$\frac{C}{D}=\frac{1}{9}$，$\frac{R}{D}=0.1$ なので

$$貨幣乗数\ m=\frac{\frac{C}{D}+1}{\frac{C}{D}+\frac{R}{D}}=\frac{\frac{1}{9}+1}{\frac{1}{9}+0.1}=\frac{\frac{1}{9}+\frac{9}{9}}{\frac{1}{9}+\frac{0.9}{9}}=\frac{\frac{10}{9}}{\frac{1.9}{9}}=\frac{10}{1.9}=約\ 5.1$$

となります。つまり，100万円のハイパワードマネーにたいし，貨幣はその5.1倍の510万円も供給されることになるのです。

●金融政策の手段

ではさいごに，金融政策の手段として，①公開市場操作，②日銀貸付，③支払準備率操作，④公定歩合操作の4つを説明します。

①公開市場操作（買いオペ・売りオペ）
　中央銀行である日銀が国債などを購入すると，代金として現金を支払うので，ハイパワードマネーの供給となります。その結果，ハイパワードマネーの貨幣乗数倍だけ貨幣供給量が増加します。逆に，日銀が国債などを売却すると，代金を市中から受け取り，市中からのハイパワードマネーの回収（減少）となり，その貨幣乗数倍だけ貨幣供給量を削減させることができます。公開市場操作が今日の金融政策の主力となっています。

買いオペレーション（買いオペ）といいます。
売りオペレーション（売りオペ）といいます。

②日銀貸付
　日銀から市中銀行への貸出額が増えれば，その分ハイパワードマネーが増加し，その貨幣乗数倍だけ貨幣供給量が増加します。逆に，日銀から市中銀行への貸出額が減れば，そのぶんハイパワードマネーが減少し，その貨幣乗数倍だけ貨幣供給量が減少します。今日では日銀貸付は金額が少ないので，あまり金融政策における重要性は高くありません。

③支払準備率操作

日銀が定める必要最低限の支払準備率を引き下げると，市中銀行の支

（**法定準備率**といいます。）

払準備率 $= \dfrac{準備（R）}{預金（D）}$ も引き下がり，貨幣乗数（m）が大きくなるため，

ハイパワードマネーがおなじであっても
貨幣供給量は増加します。逆に，法定準

（⇧ 貨幣乗数（m）$= \dfrac{\dfrac{C}{D}+1}{\dfrac{C}{D}+\dfrac{R}{D}⇩}$）

（⇧ M = ⇧ⓜH）

備率を引き上げると，市中銀行の支払準備率が上がり貨幣乗数が小さく
なるため，ハイパワードマネーがおなじ
であっても貨幣供給量は減少します。

（⇩ 貨幣乗数（m）$= \dfrac{\dfrac{C}{D}+1}{\dfrac{C}{D}+\dfrac{R}{D}⇧}$）

④公定歩合操作

公定歩合とは日銀が市中銀行に貸し出す際の金利（利子率）ですが，
かつては，市中の金利がこの公定歩合を基準に決められており，公定歩

（**規制金利**とよばれます。）

合が下がると市中の金利も下がるというように，大きな影響力をもって
いました。しかし，現在では市場の金利は貨幣市場の需要と供給により

（**自由金利**といいます。図表 8-10 で説明した流動性選好説の世界です。）

決まるので，公定歩合は市中金利へ直接的影響を与えないと考えられて
います。しかし，公定歩合の変化は日銀の金融政策の方向性を示すもの
として注目されることが多く，**アナウンスメント効果**とよばれます。な
お，公定歩合は現在では**基準貸付利率**とよばれています。

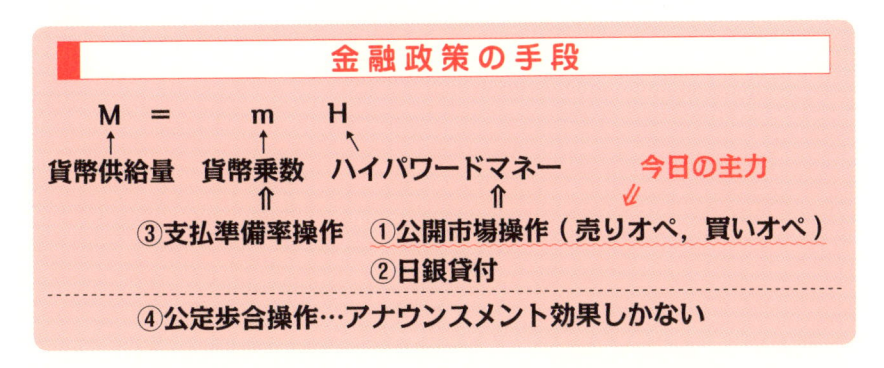

金融政策の手段

```
     M   =   m       H
     ↑       ↑       ↑
  貨幣供給量  貨幣乗数  ハイパワードマネー       今日の主力
             ⇧         ⇧                        ↙
         ③支払準備率操作  ①公開市場操作（売りオペ，買いオペ）
                         ②日銀貸付
------------------------------------------------------------
         ④公定歩合操作…アナウンスメント効果しかない
```

> **演習問題 9-1**
> 空欄に適当な語句を記入しなさい。
> 　中央銀行とは ① ② ③ という3つの機能をもつ銀行をいう。中央銀行が最初に供給する現金を ④ といい，⑤ と ⑥ の合計である。④ の ⑦ 倍の貨幣が供給され，⑦ を貨幣乗数という。

解答

①②③発券銀行，銀行の銀行，政府の銀行　④ハイパワードマネー（ベースマネー，マネタリーベース）　⑤⑥現金，準備

⑦ $\dfrac{\dfrac{C}{D}+1}{\dfrac{C}{D}+\dfrac{R}{D}}$ $\left(\dfrac{現金預金比率+1}{現金預金比率+支払準備率}\right)$

> **演習問題 9-2**
> 現金預金比率が0.2，支払準備率が0.1のとき，10兆円のハイパワードマネー供給は，何兆円の貨幣を供給するか。

ヒント！ 貨幣乗数（m）＝ $\dfrac{現金預金比率+1}{現金預金比率+支払準備率}$ を使います。

解答＆解説

貨幣乗数（m）＝ $\dfrac{現金預金比率+1}{現金預金比率+支払準備率} = \dfrac{0.2+1}{0.2+0.1} = \dfrac{1.2}{0.3} = 4$

貨幣供給（M）＝m×H＝4×10＝40　　　**答** 40兆円

LECTURE 10 IS-LM 分析 ① IS 曲線

　第 4 回の講義では，国民所得（GDP）は生産物市場の供給（Y^S）と需要（Y^D）が等しくなる水準に決まるということを，<u>45 度線分析</u>をつ

> 生産物市場に集中するために，①貨幣市場で決まる利子率と，②労働市場との関係で決まる物価は一定と仮定しました。

かってまなびました。そして，第 8 回の講義では，利子率は貨幣の供給 $\left(\dfrac{M}{P}\right)$ と需要（L）が等しくなる水準に決まるということを，<u>流動性選好説</u>

> 貨幣市場に集中するために，①生産物市場で決まる国民所得と，②労働市場との関係で決まる物価は一定と仮定しました。

をつかってまなびました。

　今回は，第 3 回と第 8 回で別々に説明した生産物市場と貨幣市場を同時に分析します。なぜ同時分析が必要かというと，貨幣市場で利子率が低下すると投資が増加し，投資が増加すると生産物市場の需要（Y^D）が増加して国民所得が増加する，という形で生産物市場に影響を与えますし，逆に，生産物市場で国民所得が増加すれば，貨幣の取引需要が増える，という形で貨幣市場にも影響を与えるからです（図表 10-1）。

図表 10-1 ●生産物市場と貨幣市場の関係

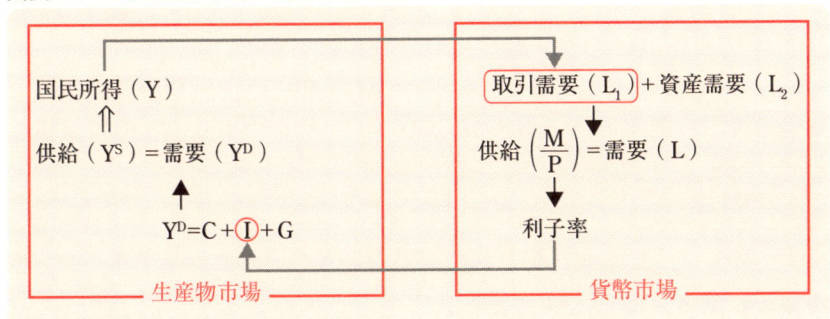

【生産物市場】
国民所得（Y）
⇑
供給（Y^S）＝需要（Y^D）
↑
$Y^D = C + ⓘ + G$

【貨幣市場】
取引需要（L_1）＋資産需要（L_2）
供給 $\left(\dfrac{M}{P}\right)$＝需要（L）
利子率

そして，生産物市場と貨幣市場を同時に分析するためにヒックスが考

> イギリスの経済学者でケインズの考えをIS-LM分析をつかって説明しました。

案したのが**IS-LM分析**です。IS-LM分析は生産物市場と貨幣市場を同時に分析するので，国民所得（Y）と利子率（r）の両方がうごき，この

> なぜなら，生産物市場の分析は国民所得がどう決まるか，貨幣市場の分析は利子率がどう決まるかを考えるからです。

2つがどのように決まるかを考えることになります。なお，労働市場は分析しないので，労働市場との関係で決まる**物価は一定**，さらに単純化するために海外は考えない**閉鎖経済**を仮定します。

図表10-2 ● IS-LM分析の概要

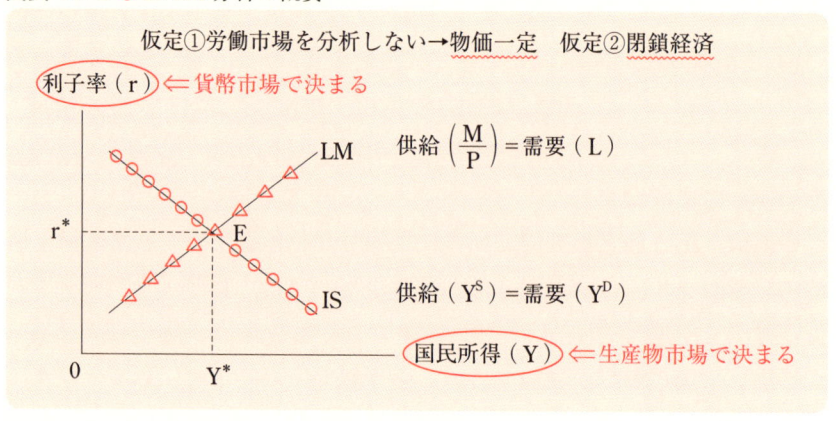

仮定①労働市場を分析しない→物価一定　仮定②閉鎖経済

利子率（r）⇐貨幣市場で決まる

供給 $\left(\dfrac{M}{P}\right)$ = 需要（L）

供給（Y^S）= 需要（Y^D）

国民所得（Y）⇐生産物市場で決まる

まず，横軸に国民所得（Y），縦軸に利子率（r）をとった平面に，生産物市場の均衡する点（図表10-2の○）の集合であるIS曲線と，

> $Y^S = Y^D$ を意味します。
>
> 点はYとrの組み合わせを意味します。
>
> じつは$Y^S=Y^D$のとき，投資（I）=貯蓄（S）となるのでこの名前がついているのですが，くわしい説明は省略します。

貨幣市場の均衡する点（図表10-2の△）の集合であるLM曲線を描き

> $\dfrac{M}{P} = L$ です。

ます。そして，生産物市場と貨幣市場の両方が同時に均衡する点は，IS曲線上にあり，かつLM曲線上にもある点となるので，IS曲線とLM

曲線の交点 E だけとなり，経済はこの点 E におちつくと考えます。その結果，国民所得は Y^*，利子率は r^*，と同時に決まることになります。

それでは，まず IS 曲線，つぎに LM 曲線を説明し，さいごに IS-LM 分析による均衡について説明しましょう。

（IS-LM 均衡ともよばれます。）

● IS 曲線

IS 曲線とは，生産物市場が均衡する国民所得（Y）と利子率（r）の（$Y^S = Y^D$）組み合わせの集合です。通常，IS 曲線は図表 10-3 のように，3 つのグラフをつかって導出するので，その方法を説明します。しかし，「3 つのグラフだと複雑でわかりにくい」という人も多いでしょうから，図表 10-4 では 1 つのグラフだけで説明します。

（グラフ上の点となります。）

図表 10-3 ● IS 曲線の導き出し方

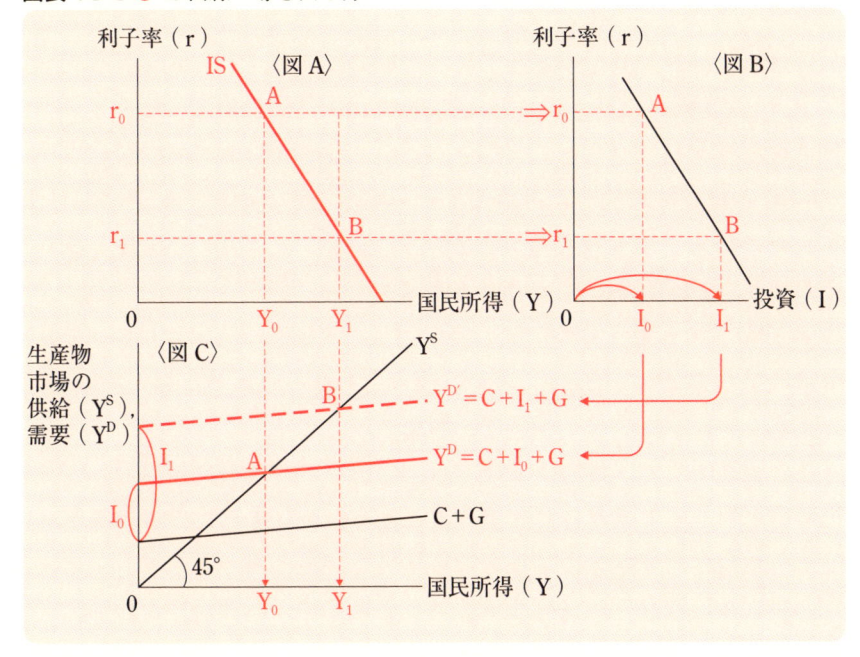

それでは，図表 10-3 をつかって，IS 曲線のみちびきだし方を説明しましょう。〈図A〉は，横軸に国民所得（Y），縦軸に利子率（r）をとったグラフで，ここに IS 曲線を描きます。〈図B〉は，利子率（縦軸）が下落すると投資量（横軸）が増加するという投資曲線です。〈図C〉は 45 度線分析のグラフです。

いま，利子率が r_0 と高い水準であったとしましょう。

図B **利子率が r_0 と高いと，投資量は I_0 と少なくなります。**

図C 生産物市場の需要（Y^D）は C+I+G ですが，いま，C+G は〈図C〉の C+G 線のようになっているとします。利子率が r_0 のとき，〈図B〉より投資量は C+G 線を I_0 だけ上へ移動させた Y^D＝C+I_0+G となります。その結果，**国民所得（Y）は，Y^S と Y^D の交点 A の Y_0 となります。**

Y^S＝Y^D となっており，生産物市場が均衡します。

図A 以上より，利子率が r_0 のとき生産物市場が均衡する国民所得は Y_0 なので，（Y_0, r_0）という組み合わせで生産物市場が均衡します。

〈図A〉の点A

つぎに，利子率が r_1 へと低下したとしましょう。

図B **利子率が r_1 に低下すると，投資量は I_1 へと増加します。**

図C 投資量が I_0 から I_1 へと増加すると，生産物市場の需要線は $Y^{D'}$＝C+I_1+G と投資の増加分だけ需要（Y_D）が増加するので，上シフトします。その結果，生産物市場が均衡する点は Y^S と $Y^{D'}$ の交点 B となり，そのときの**国民所得は Y_1 へと増加します。**

図A 以上より，利子率が r_1 へと低下すると生産物市場が均衡する国民所得は Y_1 となり，（Y_1, r_1）という組み合わせで生産物市場が均衡しています。

〈図A〉の点B

このようにして，〈図A〉の点 A も点 B も，生産物市場が均衡する国民所得と利子率の組み合わせであることがわかりました。IS 曲線とは，

〈図A〉の１つの点

「生産物市場が均衡する国民所得（Y）と利子率（r）の組み合わせの集合」ですから，生産物市場の均衡する点 A と点 B をむすんだ右下がり

図表10-4 ●右下がりのIS曲線

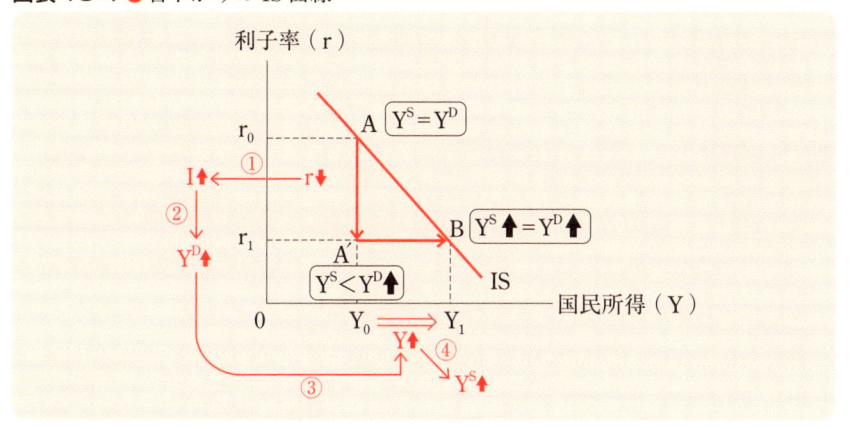

（図：利子率(r)を縦軸、国民所得(Y)を横軸としたグラフ。点A(Y_0, r_0)で$Y^S=Y^D$、点B(Y_1, r_1)で$Y^S\uparrow=Y^D\uparrow$、点A'で$Y^S<Y^D\uparrow$。右下がりのIS曲線。矢印①$r\downarrow$→$I\uparrow$、②$Y^D\uparrow$、③$Y\uparrow$、④$Y^S\uparrow$）

の線を描いてできあがりです。

それではつぎに、図10-4のように1つのグラフだけで右下がりのIS曲線を求める方法を説明しましょう。

当初、点A(Y_0, r_0)で生産物市場の供給(Y^S)と需要(Y^D)が均衡していたとします。そしてここから、利子率がr_0からr_1へ下落したとします。

①利子率がr_0からr_1へと下落すると、投資量が増加します。

②$Y^D=C+I+G$なので投資（I）の増加は生産物市場の需要（Y^D）の増加となります。その結果、点A'では需要（Y^D）だけが増加するので超

> ですから点A'はIS曲線の資格がないので、IS曲線はA'を通りません。

過需要となっています。

③A'で超過需要であれば企業が生産量を増やす結果、国民所得（Y）も

> 超過需要ということはお客さんが待っているということで、企業は生産さえすれば売れる状態ということです。

増加します。

④国民所得（Y）が増えると、$Y^S=Y$より生産物市場の供給（Y_S）が増

> 生産した量（Y）と売りたい量（Y^S）はおなじだということでした（第4回）。

加し、超過需要は解消されます。そして、点Bでふたたび生産物市場は均衡します。

以上より、生産物市場が均衡する点はAの右下の点Bとなり、生産物市場の均衡する点の集合であるIS曲線は、ABを通る右下がりの線となります。

● IS曲線上にない点の状態

IS曲線は生産物市場が均衡する点の集合ですから、IS曲線上にない点では生産物市場は均衡していない、つまり超過需要か超過供給のはずです。このことを図表10-5をつかって説明しましょう。

図表10-5の点AはIS曲線上にあるので$Y^S = Y^D$ですが、点Fは点AよりYが小さくなっています。$Y = Y^S$ですのでY^Sも小さいこととなり、$Y^S < Y^D$と超過需要になっていることがわかります。点Fだけでなく、IS曲線より左側のゾーンはすべてIS曲線よりY（$= Y^S$）が小さいので超過需要となります。

これにたいして、点GのようにIS曲線より右の点は、Y（$= Y^S$）が大きいので超過供給となります。

図表10-5 ● IS曲線にない点

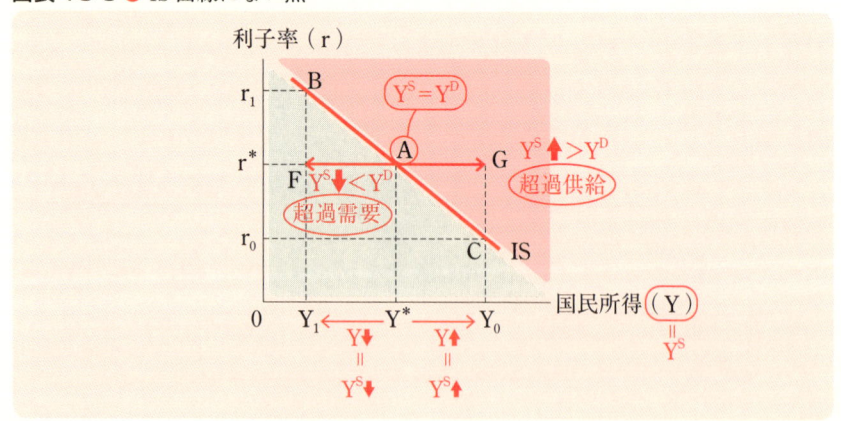

● 計算によるIS曲線の導出

右下がりのIS曲線は計算によっても求めることができます。そのことを例題をつかって説明しましょう。

> **例題 10-1**
>
> 以下のマクロ経済モデルのIS曲線を求めよ。
>
> $C = 40 + 0.8Y$　　（Y：国民所得，C：消費）
> $I = 40 - 20i$　　（I：投資，i：利子率）
> $G = 30$　　（G：政府支出）

解答&解説

問題文より，$Y^D = C + I + G$

　　　　　　　　$= 40 + 0.8Y + 40 - 20i + 30$ …①

〔まずはじめに Y^D の式に代入します。〕

一方，$Y^S = Y$ …②

ここで，IS曲線とは生産物市場の均衡する国民所得（Y）と利子率（i）の組み合わせの集合なので，

$Y^S = Y^D$ …③

①より↓　↓②より

$Y = 40 + 0.8Y + 40 - 20i + 30$

〔Yを右へ，$-20i$ を左へ移項。〕

$20i = 0.8Y - Y + 110$

$20i = -0.2Y + 110$

$i = -0.01Y + \dfrac{11}{2}$ …④

④は，③の $Y^S = Y^D$ をみたす Y と i の組み合わせの集合をあらわした式なので，IS曲線でこの④式を図示すると，傾き -0.01，縦軸切片 $\dfrac{11}{2}$ の右下がりの曲線となり，図表10-6のIS となります。

図表 10-6 ● $i = -0.01Y + \dfrac{11}{2}$ のIS曲線

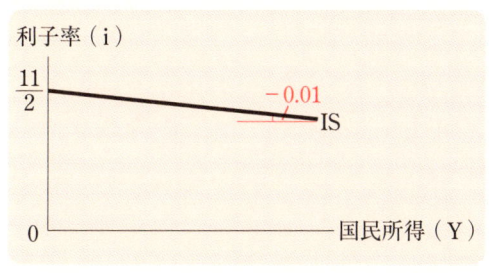

それでは，今回の講義の復習として演習問題をやってみましょう。

> **演習問題 10-1**
>
> 空欄に適当な語句を埋めなさい。
>
> 　IS曲線とは，①市場の均衡する国民所得と②の組み合わせの集合であり，通常③下がりの形状となる。IS曲線より左の点は生産物市場が④であり，右側の点は⑤である。

解答

①生産物（財）　②利子率　③右　④超過需要　⑤超過供給

講義 11 LECTURE
IS-LM 分析
② LM 曲線

　前回の講義では，生産物市場の均衡をあらわす IS 曲線をみちびきだししましたが，今回は貨幣市場の均衡する LM 曲線をみちびきだし，その LM 曲線と IS 曲線をもちいて，生産物市場と貨幣市場の同時均衡を考えます。

● LM 曲線

　LM 曲線とは，貨幣市場が均衡する国民所得（Y）と利子率（r）の組

$$貨幣供給\left(\frac{M}{P}\right) = 貨幣需要（L）$$

み合わせの集合です。

（点となります。）

LM 曲線は，通常，図表 11-1 のように 3 つのグラフで説明します。しかし，「3 つのグラフだと複雑でわかりにくい」という人も多いでしょうから，図 11-2 では 1 つのグラフだけで説明します。

　図表 11-1 の〈図 A〉は横軸に国民所得（Y），縦軸に利子率（r）をとったグラフで，ここに LM 曲線を描きます。〈図 B〉は貨幣市場の均衡のグラフです。〈図 C〉は国民所得（Y）と貨幣の取引需要（L_1）のグ

（国民所得が増えると取引需要が増えるので右上がりとなります。）

ラフです。

　当初，国民所得が Y_0 と小さかったとしましょう。

図C 国民所得が Y_0 と小さいと貨幣の取引需要も L_1^* と小さくなります。

図B すると，貨幣需要（L）は資産需要（L_2）を L_1^* だけ右に移動させ

講義11 ● IS-LM 分析 ② LM 曲線　**117**

図表 11-1 ● LM 曲線のみちびきだし方

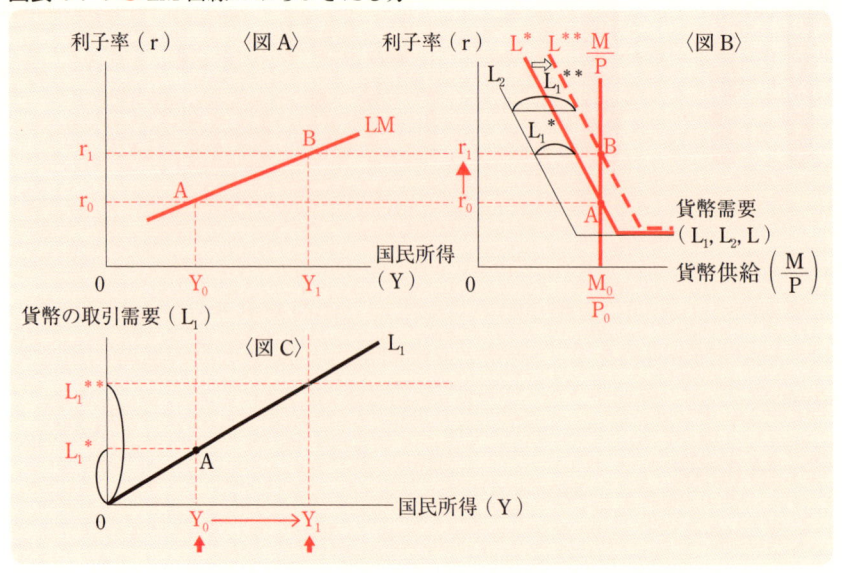

た L^* となり，利子率は L^* と $\frac{M}{P}$ の交点 A の r_0 になります。
（貨幣市場が均衡しています。）

図A 以上より，国民所得が Y_0 のとき貨幣市場が均衡する利子率は r_0 なので，(Y_0, r_0) という組み合わせは貨幣市場が均衡する点です。
（〈図A〉の点A）

つぎに，国民所得が Y_1 へと増加したとしましょう。

図C 国民所得が Y_1 と大きいと貨幣の取引需要も L_1^{**} と多くなります。

図B すると，貨幣需要は資産需要（L_2）を L_1^{**} だけ右に移動させた L^{**} となり，貨幣需要曲線（$L=L_1+L_2$）は L^* から L^{**} へと右シフトします。その結果，利子率は新しい貨幣需要曲線 L^{**} と貨幣供給曲線 $\left(\frac{M}{P}\right)$ の交点 B の r_1 になります。

図A 以上より，国民所得が Y_1 のとき貨幣市場が均衡する利子率は r_1 なので，(Y_1, r_1) という組み合わせが貨幣市場が均衡する点です。
（〈図A〉の点Bです。）

図表 11-2 ● 右上がりの LM 曲線

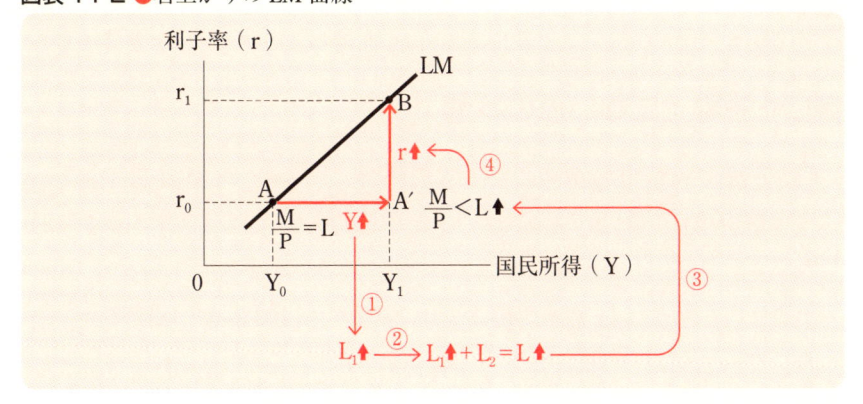

利子率（r）

r_1 ← B　LM
　　　　　↑ r↑　　④
r_0 ← A　　A'　$\frac{M}{P}$ < L ↑
　　　$\frac{M}{P}$ = L　Y↑
　　0　Y_0　Y_1　　国民所得（Y）
　　　　　　　　　　　　　　③
　　　　　①↓
　　　L_1↑　②　L_1↑ + L_2 = L↑

　このようにして、〈図A〉の点Aと点Bも貨幣市場が均衡する国民所(〈図A〉の１つの点)得と利子率の組み合わせであることがわかりました。LM曲線とは、「貨幣市場が均衡する国民所得（Y）と利子率（r）の組み合わせの集合」ですから、貨幣市場の均衡する点Aと点Bをむすんだ右上がりの線を描いてできあがりです。

　それではつぎに、図表11-2の１つのグラフだけで右上がりのLM曲線を求める方法を説明しましょう。

　当初、点A（Y_0, r_0）で貨幣市場の需要（L）と供給$\left(\frac{M}{P}\right)$が均衡していたとします。そしてここから、国民所得がY_1へと増加したとします（点A'）。

①国民所得がY_0からY_1へと増加すると、貨幣の取引需要（L_1）が増加します。

②貨幣需要 L = L_1 + L_2 なので、L_1 が増加すれば貨幣需要（L）が増加します。

③点Aの貨幣市場が均衡している状態から需要だけが増えるので、点A'では貨幣市場は超過需要となります。

④点A'では貨幣市場は超過需要なので、利子率はr_0からr_1へと上昇し、ふたたび点Bで貨幣市場が均衡します。

以上より，貨幣市場が均衡する点は，点Aと点Aの右上の点Bとなり，貨幣市場が均衡する点の集合であるLM曲線は右上がりとなります。

●LM曲線上にない点の状態

LM曲線は貨幣市場が均衡する点の集合ですから，LM曲線上にない点は貨幣市場が均衡していない，つまり超過需要か超過供給のはずです。そのことを図表11-3で説明しましょう。

図表11-3の点AはLM曲線上にあるので，貨幣市場が均衡し$\frac{M}{P}=L$となっていますが，点Gは点Aの右側にあるので，Yが大きくなっています。Yが大きいと貨幣の取引需要（L_1）が大きくなり，貨幣市場は超過需要となります。点GだけではなくLMより右側の点はすべて，LM曲線上の点よりもYが大きくL_1が大きいので超過需要です。

一方，点Fは貨幣市場が均衡する点Aより左側で，Yが小さくL_1が小さくなり貨幣市場は超過供給となっています。点FだけではなくLMより左側の点はすべて，LM上の点よりもYが小さくL_1が小さいので超過供給となります。

図表11-3 ●LM曲線上にはない点

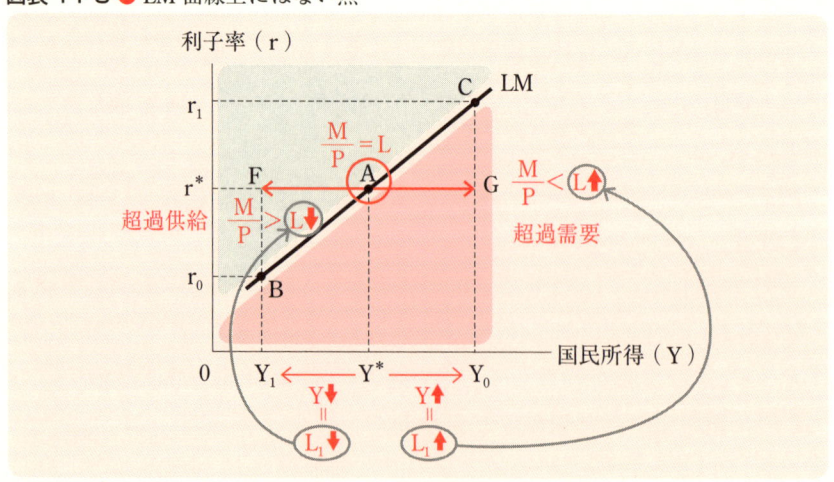

●計算によるLM曲線の導出

計算によっても右上がりのLM曲線を求めることができます。そのことを例題をつかって説明しましょう。

> **例題 11-1**
> 以下のマクロ経済モデルのLM曲線を求めよ。
> $L = 0.04Y + 280 - 3i$ （L：貨幣需要，i：利子率）
> $M = 360$ （M：名目貨幣供給量）
> $P = 2$ （P：物価）

解答＆解説

LM曲線は貨幣市場の均衡なので

$$\frac{M}{P} = L \quad \cdots ①$$ ← この条件が大事！

①に問題文の条件を入れると

$$\frac{360}{2} = 0.04Y + 280 - 3i$$ ← あとは計算するだけです。

$$180 = 0.04Y + 280 - 3i$$
$$3i = 0.04Y + 100$$ ← $-3i$を左へ移項します。

$$i = \frac{0.04}{3}Y + \frac{100}{3} \quad \cdots ②$$

②は，$\frac{M}{P} = L$ をみたすYとiの組み合わせの集合をあらわした式なのでLM曲線です。この②式を図示すると，傾き $+\frac{0.04}{3}$，縦軸切片 $\frac{100}{3}$ の右上がりの直線となり，図11-4のLMとなります。

図表11-4 ● $i = \frac{0.04}{3}Y + \frac{100}{3}$ のLM曲線

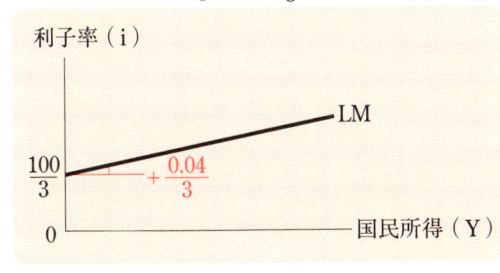

それでは，さいごに今回の講義の復習として演習問題を解いてみましょう。

演習問題 11-1

空欄に適当な語句を入れなさい。
　LM曲線とは ① 市場が均衡する ② と利子率の組み合わせの集合であり，通常 ③ 上がりの形状となる。LM曲線より左の点は貨幣市場が ④ であり，右側の点は ⑤ である。

解答

①貨幣　②国民所得　③右　④超過供給　⑤超過需要

演習問題 11-2

$L = 100 + 0.01Y - i$ （L：貨幣需要，Y：国民所得，i：利子率）
$P = 4$，$M = 100$ （P：物価，M：名目貨幣供給量）
のとき，LM曲線を求めなさい。

ヒント！ LM曲線は貨幣市場が均衡するので，$\dfrac{M}{P} = L$ です。

解答＆解説

$\dfrac{M}{P} = L$ に問題文の条件を代入すると

$$\dfrac{100}{4} = 100 + 0.01Y - i$$

$$i = 0.01Y + 100 - 25$$

$$= 0.01Y + 75$$

答 $i = 0.01Y + 75$

LECTURE 12 IS-LM 分析 ③経済政策の効果

　第10回の講義で生産物市場が均衡する IS 曲線, 第11回では貨幣市場が均衡する LM 曲線を求めたので, 今回はいよいよ IS 曲線と LM 曲線をドッキングさせた IS-LM 分析を完成させ, その IS-LM 分析をつかって, 金融政策と財政政策の効果について考えます。

（政府の収支（租税）と支出を調整する政策です。）

●IS-LM 分析

　図表 12-1 は, 右下がりの IS 曲線と右上がりの LM 曲線を重ね合わせたものです。

図表 12-1 ● IS-LM 均衡

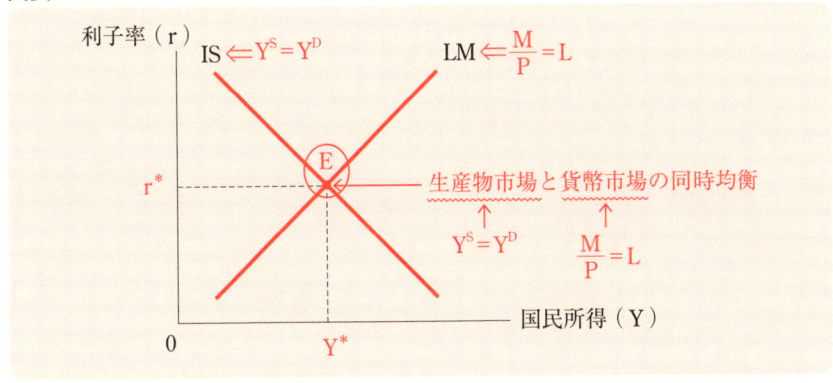

利子率（r）
IS ← $Y^S = Y^D$
LM ← $\dfrac{M}{P} = L$
E
生産物市場と貨幣市場の同時均衡
$Y^S = Y^D$　　$\dfrac{M}{P} = L$
r^*
Y^*
国民所得（Y）

　IS 曲線上の点は生産物市場が均衡し, LM 曲線上の点は貨幣市場が均衡するので, IS 曲線と LM 曲線の交点 E は生産物市場と貨幣市場が同

（交点 E は IS 曲線上にも LM 曲線上にもあります。）

時に均衡している点となります。そして, 国民所得は生産物市場が均衡する水準に決まり, 利子率も貨幣市場が均衡する水準に決まるので, 経

済は生産物市場と貨幣市場が同時に均衡する点 E(Y^*, r^*) になると考えるのです。この点 E は **IS-LM 均衡** ともよばれ，計算問題として出題されることもあるので例題を解きながら計算方法を説明しましょう。

> **例題 12-1**
>
> マクロ経済がつぎの式であらわされる経済の，国民所得と利子率を求めなさい。
>
> $C = 0.8Y + 30$　　　（C：消費，Y：国民所得）
> $I = 120 - 20r$　　　（I：投資，r：利子率）
> $L = 0.2Y + 90 - 20r$　（L：貨幣需要）
> $M = 100$　　　　　　（M：名目貨幣供給量）
> $P = 1$　　　　　　　（P：物価）

解答＆解説

このマクロ経済は，C，I から生産物市場，L，M から貨幣市場を考えていることがわかります。また，生産物市場の需要（Y^D）は C と I しかないことから $Y^D = C + I$ と閉鎖経済であり，P=1 と物価も一定であることがわかります。閉鎖経済，物価一定の仮定のもと，生産物市場・貨幣市場を分析しているので IS-LM 分析です。

まず，生産物市場の均衡を考えると，

$Y^S = Y^D$ ← すべてはここから！
$Y = C + I$
$Y = 0.8Y + 30 + 120 - 20r$ ← 問題文の式 $C=0.8Y+30$, $I=120-20r$ を代入。
$20r = -0.2Y + 150$　…①

生産物市場が均衡する Y と r の集合なので IS 曲線です。

つぎに貨幣市場の均衡を考えると，

$\dfrac{M}{P} = L$ ← すべてはここから！

$\dfrac{100}{1} = 0.2Y + 90 - 20r$ ← 問題文の式 $L=0.2Y+90-20r$, $M=100$, $P=1$ を代入。

$20r = 0.2Y - 10$　…②

貨幣市場が均衡する Y と r の集合なので LM 曲線です。

IS曲線とLM曲線の交点のYとrは，IS曲線の式①とLM曲線の式②の連立方程式を解くことによって求めることができます。

①，②より

$$20r = \underbrace{-0.2Y + 150}_{①} = \underbrace{0.2Y - 10}_{②}$$

$$0.4Y = 160$$

$$Y = \frac{160}{0.4} = 400 \quad \cdots ③$$

③を②に代入し

$$20r = 0.2Y - 10$$
$$= 0.2 \times 400 - 10 = 70$$
$$r = \frac{70}{20} = 3.5$$

答 $Y = 400$，$r = 3.5$

●金融政策の効果

それでは，IS-LM分析をつかって，金融政策の効果について考えましょう。まずは金融緩和の効果を見てみます。

図表12-2 ●金融緩和：LM下シフト

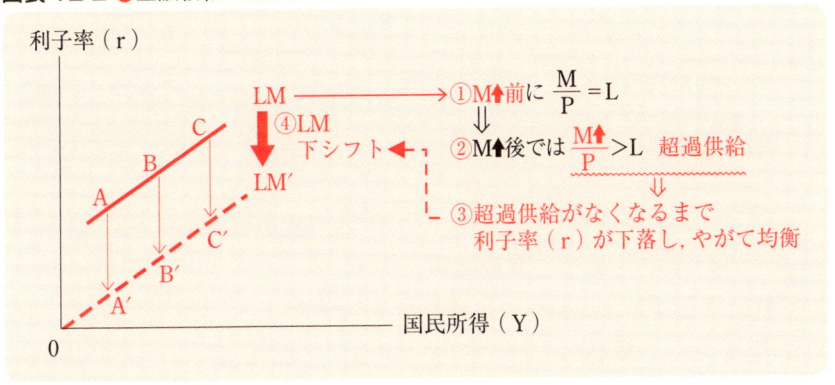

グラフ：利子率（r）を縦軸，国民所得（Y）を横軸とし，LM曲線が下方にシフトしてLM′となる様子を示す。点A, B, CがLM上，点A′, B′, C′がLM′上にある。

① M↑前に $\frac{M}{P} = L$
⇓
② M↑後では $\frac{M↑}{P} > L$ 超過供給
⇓
③ 超過供給がなくなるまで利子率（r）が下落し，やがて均衡

④ LM下シフト

①当初のLM曲線が図表12-2のLMであったとしましょう。すると点A，B，CはLM曲線上にあり，貨幣市場は均衡しているので，$\frac{M}{P} = L$となっています。

②いま，中央銀行が金融緩和をおこない，名目貨幣供給量（M）を増やしたとします。IS-LM 分析では物価（P）は一定と仮定しているので，M が増加すれば実質貨幣供給量 $\left(\dfrac{M}{P}\right)$ が増加します。LM 上の点 A，B，C は貨幣供給 $\left(\dfrac{M}{P}\right)$ が増える前に貨幣市場が均衡していたのですから，貨幣供給量増加後には超過供給となります。

③貨幣市場が超過供給であれば，超過供給がなくなるまで利子率が下落します。

> 利子率は貨幣のレンタル価格で，貨幣が余っていればレンタル価格は下がっていくということです。

④利子率が下落した A′，B′，C′で貨幣市場がふたたび均衡するので，新しい LM 曲線は A′，B′，C′をむすんだ LM′ となります。

図表 12-3 ●金融緩和の効果①

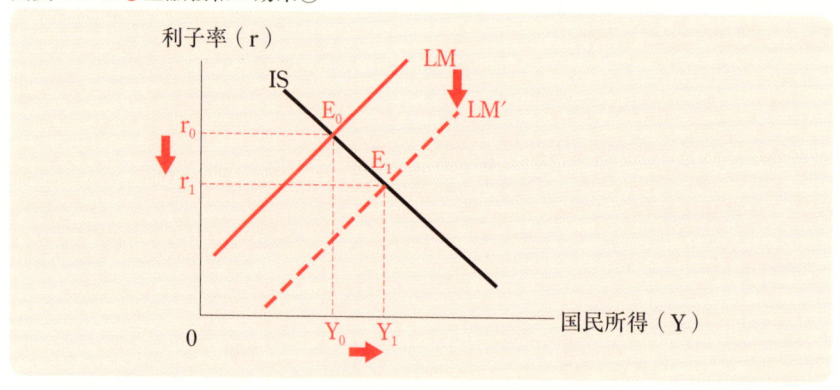

このように金融緩和によって名目貨幣供給量を増加させると，LM 曲線は下方シフトします。その結果，図表 12-3 のように，経済は IS と LM の交点 E_0（Y_0, r_0）から，新しい均衡点は IS と LM′ の交点である E_1（Y_1, r_1）へと移動し，利子率は r_0 から r_1 へと下落し，国民所得（Y）は Y_0 から Y_1 へと増加します。不況期に国民所得（Y）が増えれば生産量を増やすために労働需要が増加し失業が減少するので，「金融政策は有効」といいます。

じつは，金融政策の効果については第 8 回の講義で図表 12-4 のよう

図表 12-4 ●金融緩和の効果②

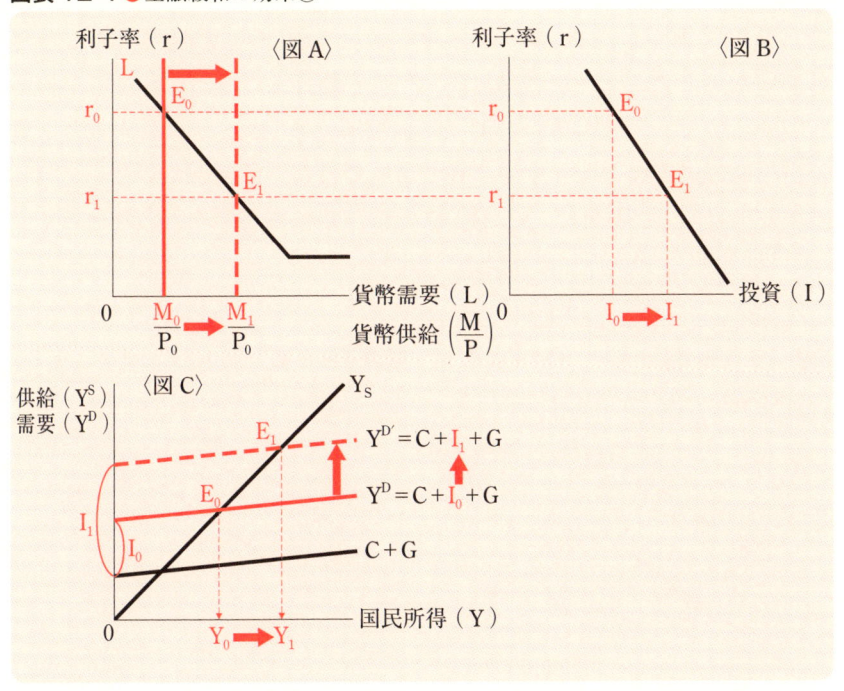

〈図A〉 利子率（r）、貨幣需要（L）・貨幣供給（M/P）

〈図B〉 利子率（r）、投資（I）

〈図C〉 供給（Y^S）・需要（Y^D）、国民所得（Y）

な3つのグラフをもちいて説明しました。〈図A〉において貨幣供給量を増やすと利子率が下落し（$r_0 \to r_1$），投資が増加する（〈図B〉$I_0 \to I_1$）結果，財の需要が増加し（〈図C〉$Y^D \to Y^{D'}$），国民所得が増加する（$Y_0 \to Y_1$）というものです。しかし，これでは3つのグラフをもちいるので面倒なのですが，IS-LM分析であれば図表12-3によって簡単に政策の効果を検討することができます。

金融緩和の効果

M↑ → M/P↑ → LM下シフト → 利子率r↓，国民所得Y↑

それではつぎに，金融引締めの経済効果について考えます。当初の貨幣市場の均衡が，点A, B, Cを通る図表12-5のLM曲線であらわされていたとしましょう。点A, B, Cは金融引締め前に貨幣市場が均衡しているので，金融引締めによって貨幣供給量（M）が減少すると，貨幣市場は超過需要となります。<u>貨幣市場では超過需要がなくなるまで利子率が上昇し</u>，たとえば，A′, B′, C′で再び貨幣市場が均衡したとします。

> 超過需要とは貨幣をもちたい人が多いのですから，貨幣のレンタル価格である利子率は上昇します。

図表12-5 ●金融引締め：LM上シフト

図表12-6 ●金融引締めの効果

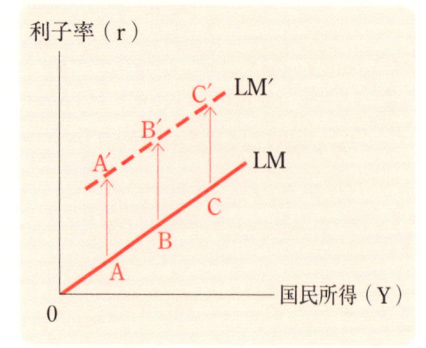

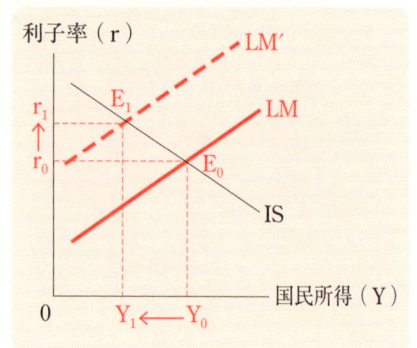

その結果，新しいLM曲線はA′, B′, C′をむすんだLM′となり，LM曲線はLMからLM′へと上シフトします。これを図表12-6にIS曲線とともに描きましょう。LMの上シフト（LM→LM′）により，利子率は上昇し（$r_0 \to r_1$），国民所得は減少（$Y_0 \to Y_1$）します。これも「利子率の上昇→投資の減少→需要（Y^Dの減少）→国民所得（Yの減少）」を1つのグラフであらわしているのです。

金融引締めの効果

$M \downarrow \to \dfrac{M}{P} \downarrow \to$ LM上シフト $\to$ 利子率 $r \uparrow$，国民所得 $Y \downarrow$

● 財政政策の効果

こんどは財政政策の効果について，IS-LM分析をつかって考えましょう。

（政府支出（G）と租税（T）を調整する政策です。）

① 当初，IS曲線が図表12-7のISであったとしましょう。すると，点A，B，CはIS曲線上にあるので生産物市場は均衡し，$Y^S = Y^D$ となっています。

図表12-7 ●政府支出増加：IS右シフト

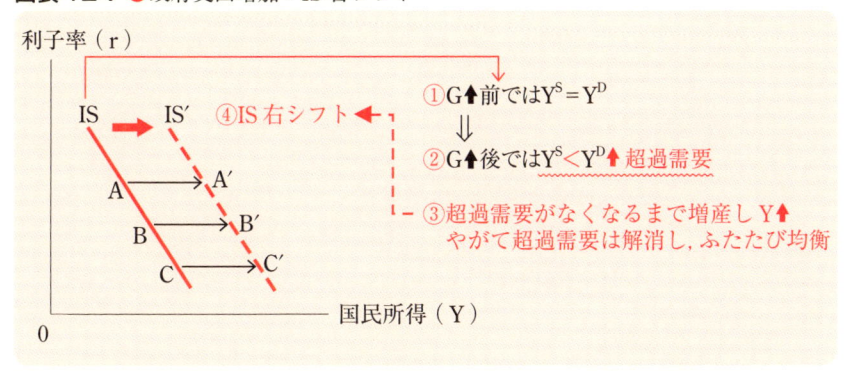

利子率（r）

① G↑前では $Y^S = Y^D$
⇓
② G↑後では $Y^S < Y^D$↑ 超過需要
③ 超過需要がなくなるまで増産し Y↑
　やがて超過需要は解消し，ふたたび均衡
④ IS右シフト

国民所得（Y）

② いま，政府が政府支出（G）を増加させるという財政政策をおこなったとしましょう。IS上の点A，B，Cは政府支出（G）が増加する前に生産物市場が均衡していたので，政府支出増加によって需要（Y^D）が増加すると超過需要となります。

③ 生産物市場が超過需要とは，お客さんは買いたいのに物がないので待っている状態ですから，企業が生産量を増やしていく結果，国民所得も増加します。国民所得（Y）が増加すれば供給（Y^S）も増加するので，

（国民所得とはGDP（国内総生産）のことなので国全体の生産量ともいえます。）（国民所得（生産した量）はすべて売りたいので売りたい量（供給量：Y^S）と等しくなります。）

やがて超過需要は解消し，生産物市場は均衡します。

④ たとえば，Yが増加し，A′，B′，C′で生産物市場が均衡したとすると，新しいIS曲線はA′，B′，C′をむすんだIS′となります。

それでは，図表12-7のIS曲線の右シフトを，図表12-8にLM曲線とともに描きましょう。図表12-8において，政府支出の増加によって

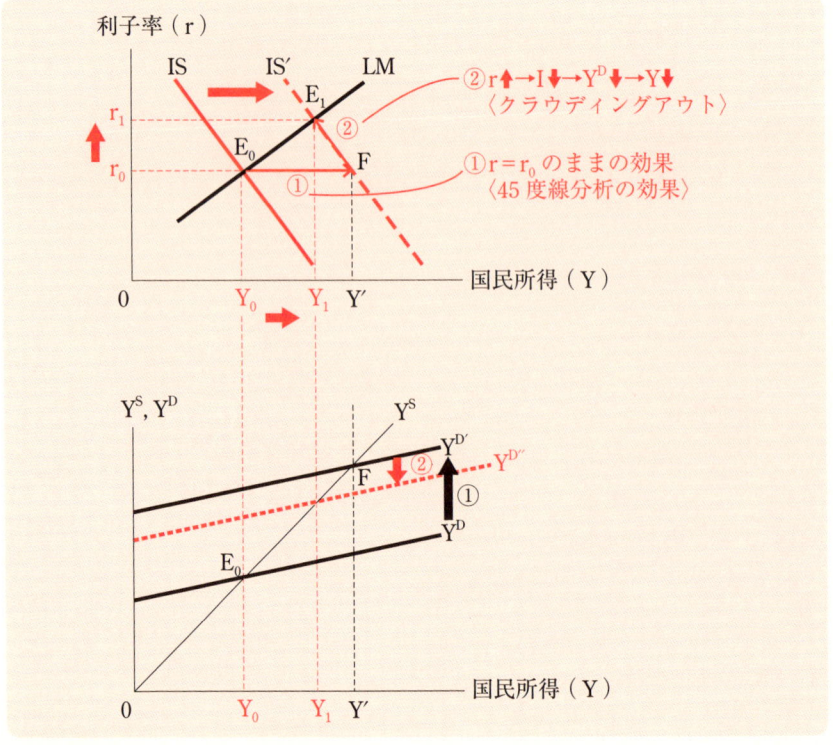

図表 12-8 ●政府支出増加の効果① IS-LM 分析（上）
図表 12-9 ●政府支出増加の効果② 45 度線分析（下）

IS 曲線が IS から IS′ へと右シフトすると，経済は IS と LM の交点である $E_0(Y_0, r_0)$ から，IS′ と LM の交点 $E_1(Y_1, r_1)$ となり，国民所得は増加します（$Y_0 \rightarrow Y_1$）。国民所得が増加しているので「財政政策は有効」といいます。

図表 12-8 において，政府支出を増加させると国民所得は Y_0 から Y_1 へと増加することがわかりましたが，ここで話は終わりではありません。わたしたちは政府支出の効果については，第 6 回の講義で政府支出乗数を勉強し，

$$\Delta Y = \frac{1}{1-c_1} \Delta G$$

（ΔY：国民所得の増加，ΔG：政府支出の増加，
c_1：限界消費性向）

であることをしっていますが，この結果と IS-LM 分析は何がちがうのかという点がポイントになります。

第6回の講義での政府支出乗数は45度線分析の枠組みで、生産物市場だけに集中するため、貨幣市場で決まる利子率（r）は一定と仮定しました。これを図表12-8で表現すると、$r=r_0$ のままであれば E_0 から F への移動となり、国民所得は Y_0 から Y_1 へと増加します。これこそが $\Delta Y = \frac{1}{1-c_1} \Delta G$ をあらわしているのです。これを45度線分析のグラフで描くと図表12-9の $E_0 \to F$ のようになります。

しかし、IS-LM 分析において利子率は一定ではなく変化するので、結論がかわってきます。政府支出の増加によって国民所得（Y）が増えれば、貨幣市場では貨幣の取引需要（L_1）が増加します。L_1 が増加すれば貨幣需要（L）も増加し、利子率が上昇します。利子率の上昇は投資の減少を招き、投資の減少は生産物市場の需要の減少となり、国民所得を減少させるという副作用を生むのです。このような副作用を**クラウディングアウト**とよび、図表12-8では②（$F \to E_1$）になります。

Crowding-Out とは「混雑して押しのけられること」という意味で貨幣市場が混雑して投資が押しのけられる状態をさしています。

演習問題 12-1

空欄に適当な用語を入れなさい。

IS-LM 分析とは、閉鎖経済、① 一定の仮定のもと、② 市場と ③ 市場を同時分析することをいう。

② 市場の均衡する国民所得と利子率の組み合わせの集合を IS 曲線といい、③ 市場の均衡する国民所得と利子率の組み合わせの集合を LM 曲線という。

通常、IS 曲線は右 ④ がりであり、LM 曲線は右 ⑤ がりである。そして、両曲線の交点が ② 市場と ③ 市場が同時均衡する状態となり均衡となる。

中央銀行が名目貨幣供給量を増加させると ⑥ 曲線が ⑦ シフトし、利子率は ⑧ し、国民所得は ⑨ する。政府が支出を増加させると ⑩ 曲線が ⑪ シフトし国民所得は ⑫ し利子率は ⑬ する。利子率が ⑬ する結果投資が減少し国民所得の増加は少なくなってしまう。

このことを ⑭ といい，⑭ を考慮することができるという点が 45 度線分析との大きなちがいである。

解答
①物価　②生産物（財）　③貨幣（資産）　④下　⑤上　⑥LM　⑦下（右）　⑧下落　⑨増加　⑩IS　⑪右　⑫増加　⑬上昇　⑭クラウディングアウト

演習問題 12-2
つぎの用語を簡潔に説明しなさい。
（1）IS 曲線
（2）LM 曲線
（3）クラウディングアウト

解答
（1）IS 曲線とは，生産物市場が均衡する国民所得と利子率の組み合わせの集合をいう。通常，利子率が下がると投資が増加し，需要が増える結果，国民所得が増えるので右下がりとなる。
（2）LM 曲線とは，貨幣市場が均衡する国民所得と利子率の組み合わせの集合をいう。通常，国民所得が増えると貨幣の取引需要が増加し，利子率が上昇するので右上がりとなる。
（3）クラウディングアウトとは，財政政策による国民所得の増加が貨幣の取引需要を増加させ，利子率を上昇させる結果，投資を減らし，財政政策の効果を減らしてしまうことをいう。

演習問題 12-3
政府支出増加の効果について，IS-LM 分析を用いて説明しなさい。

ヒント！ 問われていなくても 45 度線分析とのちがい，すなわちクラウディングアウトについては忘れずに書こう。

解答＆解説

1. （1）IS-LM 分析とは，①閉鎖経済，②物価一定の仮定のもと，生産物市場と貨幣市場を同時分析する分析方法である。
   （2）IS 曲線とは，通常，生産物市場が均衡する国民所得と利子率の組み合わせの集合であり，利子率が下落すると投資が増え需要が増える結果，国民所得が増加するので，図1のISのように右下がりとなる。
   （3）LM 曲線とは，貨幣市場が均衡する国民所得と利子率の組み合わせの集合であり，通常，国民所得が増えると貨幣の取引需要が増え，利子率が上昇するので，図1のLMのように右上がりとなる。

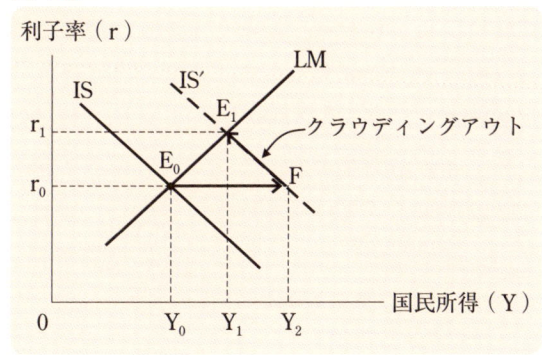

   図1

2. 当初，経済が図1におけるISとLMの交点 E_0（Y_0, r_0）であったとする。

3. （1）政府支出の増加によって，IS 曲線が右シフトする（IS → IS′）。その結果，新たな均衡はIS′とLMの交差点 E_1（Y_1, r_1）となり，国民所得は増加するため（Y_0 → Y_1），政府支出増加は有効である。
   （2）しかしながら，利子率が r_0 のまま一定であれば E_0 から F となり国民所得は Y_2 まで増える。これが45度線分析の効果であるが，これに比べ，IS-LM 分析では，利子率の上昇（r_0 → r_1）にともない投資が減少する結果，国民所得が減るという副作用（クラウディングアウト）を考慮するので，国民所得の増加は少なくなっている。

   以上

LECTURE 13 初期ケインジアン

　さいごに初期ケインジアンの主張を説明して、マクロ経済学の講義を終わりにしましょう。初期ケインジアンとは初期のケインズ派の人々という意味で、世界大恐慌のような深刻な不況を前提としている点に特徴があります。深刻な不況とは、具体的には流動性の罠のケースと、投資が利子非弾力的なケースをさし、いずれの場合にも金融政策は無効であり財政政策の効果はきわめて大きいと、かれらは主張します。それでは、最初に流動性の罠のケース、つぎに投資が利子非弾力的なケースについて、IS-LM分析をもちいて考えましょう。

●流動性の罠のケース

　流動性の罠とは最低の利子率の状態であり、図表13-1のように、貨幣市場の均衡点 E_0 で貨幣需要曲線（L）が水平となっています。なぜ貨幣需要曲線（L）が水平かという説明は第8回でおこなっており繰り返しませんが、貨幣需要曲線（L）が水平な状態だと、貨幣供給 $\left(\dfrac{M}{P}\right)$ を

図表 13-1 ●流動性の罠①　　**図表 13-2 ●流動性の罠②**

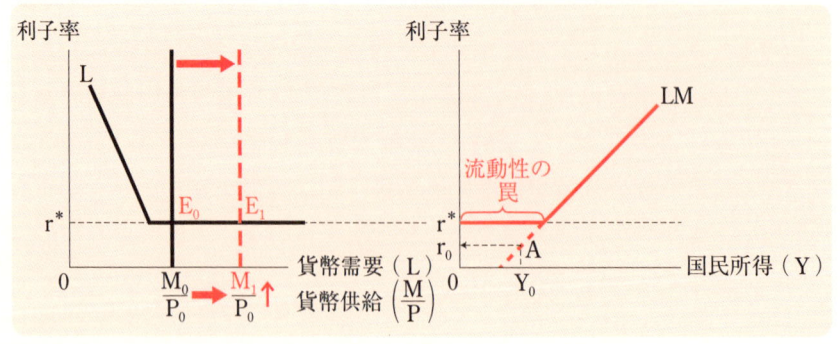

増やして右シフトさせても均衡点は E_0 から E_1 となり，利子率は r^* のまま下落しないことがわかります。

> だから，E_0，E_1 における利子率は最低だといえるのです。
> 「最低＝もうこれ以上下がらない」ということです。

　この流動性の罠を LM 曲線であらわしてみましょう。図表 13-2 に右上がり（左下がり）の LM 曲線を描きます。r^* を最低の利子率とすると，この r^* より下のゾーンに LM 曲線があることはありません。なぜなら，LM 曲線が r^* よりも低いと，点 A のように，Y_0 のとき貨幣市場が均衡する利子率は r_0 になるわけですが，r^* が最低といっているのに，r_0 という r^* より低い利子率となるのは矛盾してしまうからです。ですから，利子率は r^* より低くはならず，LM 曲線は r^* で水平となるのです。r^* で LM が水平になっている部分が流動性の罠です。LM が水平となる流動性の罠は左側，つまり国民所得が小さいときに生じています。国民所得が小さいときには，失業も大量に発生し，深刻な不況となっている状態です。国民所得（Y）が小さいと貨幣の取引需要（L）が少ないので，利子率は低くなり，最低になるのです。

図表 13-3 ●金融緩和による LM 下シフト
＜流動性の罠のケース＞

図表 13-4 ●金融緩和の効果
＜流動性の罠のケース＞

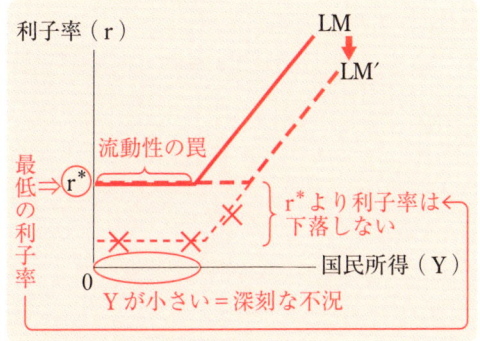

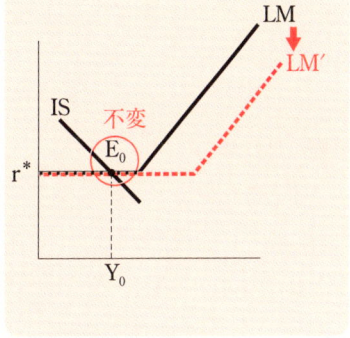

　それでは，図表 13-3，13-4 をもちいて，金融緩和の効果について検討します。まず，図表 13-3 にて金融緩和による LM の下シフトについてです。前回の講義で，貨幣供給量を増加させる金融緩和をおこなうと利子率が下がるので，LM は下方シフトするということを説明しました。

しかし，r^* は最低の利子率なので金融政策でもこれ以上下げることはで───┐
　　　　　　　　　　　　　　　　　　　　　　　　　　　　　　　　　│
　　　　　もし利子率が r^* よりも下がったら r^* は最低ではないことになります。│
きません。ですから，正確には「金融緩和によってLMは下方シフトするが，r^* より下方にはシフトしない」ということになり，LMからLM′へシフトします。

　つぎに，図表13-4にIS曲線も描きこみ，金融政策の効果を考えます。当初，経済はISとLMの交点 E_0（Y_0, r^*）であったとします。利子率が r^* なので最低の状態であり，流動性の罠におちいっています。このとき，名目貨幣供給量を増加させるという金融緩和をおこなうと，LM曲線はLMからLM′へとシフトしますが，あたらしい均衡はISとLM′の交点 E_0 でかわらず，利子率は r^* のままで国民所得も Y_0 のままで増えておらず，金融政策は無効となります。

　こんどは図表13-5のグラフで財政政策の効果について考えましょう。当初，経済はISとLMの交点 E_0（Y_0, r^*）であったとします。利子率が最低の利子率 r^* なので，流動性の罠におちいっている状態です。

　いま，政府支出の増加によってIS曲線をISからIS′へと右シフトさせると，経済はIS′とLMの交点 E_1 となり，国民所得は Y_0 から Y_1 へと増加します。しかも，このときに国民所得が Y_0 から Y_1 へと増加しても利子率は r^* のままで上昇しないので，クラウディングアウトという副作用がおこっていません，つまり，Y_0 から Y_1 への国民所得の増加（ΔY）

図表 13-5 ●

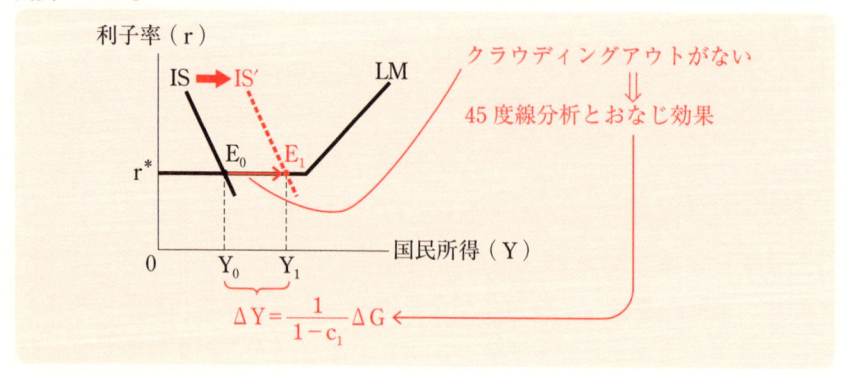

クラウディングアウトがない
⇓
45度線分析とおなじ効果

$$\Delta Y = \frac{1}{1-c_1} \Delta G$$

は利子率 r_0 のままなので 45 度線とおなじ経済効果であり，$\Delta Y = \dfrac{1}{1-c_1} \Delta G$ となります。

流動性の罠のときの経済政策

金融政策⇒r 低下せず⇒Y 不変⇒無効
財政政策⇒Y ↑，r 上昇せず⇒クラウディングアウトなし
　　　　⇒きわめて有効

●投資が利子非弾力的なケース

　深刻な不況のときには，利子率が下がっても儲かる投資案件がないので，必要最小限の投資量（図表 13-6 の I_0）しか投資しないという状況がおこります。このように，利子率が変化しても投資量がかわらないことを**投資が利子非弾力的**なケースといいます。このとき，利子率が r_0 でも r_1 でも I_0 なので，投資量 I_0 で垂直な投資曲線となります。

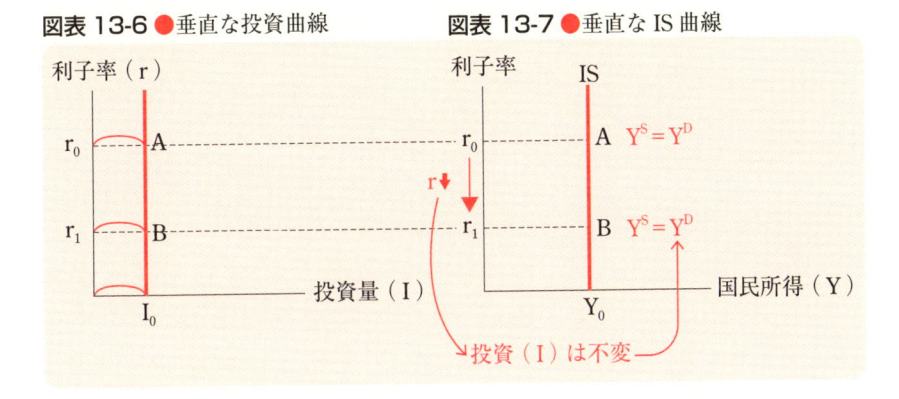

図表 13-6 ●垂直な投資曲線　　**図表 13-7 ●垂直な IS 曲線**

　つぎに，投資が利子非弾力的なケースの IS 曲線を図表 13-7 で求めます。当初，点 A で生産物市場が均衡していたとします。点 A から利子率が r_0 から r_1 に下落し点 B になったとすると，このとき，利子率が r_0 から r_1 へと下落しても投資は増えないので，需要（Y^D）はかわりません。

講義13●初期ケインジアン　**137**

ですから，点Bでも生産物市場は均衡しています。IS曲線は，生産物市場の均衡する点AとBをむすんだ垂直な直線となります。

それでは，投資が利子非弾力的なケースの金融政策の効果について，

(IS曲線が垂直ですね。)

図表13-8で説明します。当初，経済はISとLMの交点E_0(Y_0, r_0)であったとします。いま，金融緩和をおこないLM曲線がLMからLM'へと下シフトしたとすると，経済はISとLM'の交点E_1(Y_0, r_1)となり，利子率はr_0からr_1へと下落しますが国民所得はY_0のままかわらず，金融政策は無効となります。これは，利子率が下がっても投資量が増えないからです。

(ISが垂直で，投資が利子非弾力的なケースだからです。)

図表13-8 ●金融政策の効果
　　　　　＜投資が利子非弾力的＞

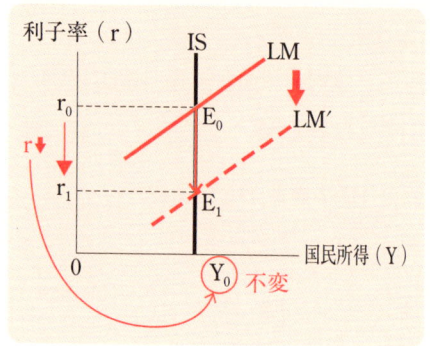

図表13-9 ●財政政策の効果
　　　　　＜投資が利子非弾力的＞

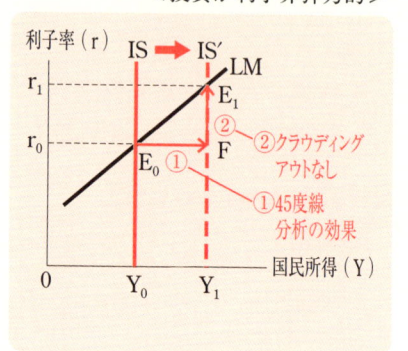

こんどは，図表13-9をもちいて，財政政策の効果について説明します。当初経済はE_0(Y_0, r_0)で，政府支出の増加によって，IS曲線がISからIS'へと右シフトしたとします。すると，経済はIS'とLMの交点E_1(Y_1, r_1)となり，国民所得がY_0からY_1へと増加します。このとき，利子率はr_0からr_1へと上昇していますが，国民所得はY_1から減少していません（F→E_1）。なぜなら，投資が利子非弾力的なので利子率が上昇しても投資が減少せず，クラウディングアウトという副作用が発生しないからです。

投資が利子非弾力的なケースの経済政策

金融政策→r↓→I 増加せず→Y 不変＜無効＞
財政政策→Y↑，r↑→I 減少せず→クラウディングアウトなし
　　　　→きわめて有効

　初期ケインジアンは深刻な不況，具体的には，流動性の罠のケースと投資の利子非弾力的なケースを前提とするので，「金融政策は効果がないが財政政策の効果はきわめて大きい」という主張になります。

初期ケインジアン

初期ケインジアンの主張
⇩
深刻な不況 ①流動性の罠（LM 曲線水平）　　金融政策 ×無効　財政政策 ◎きわめて有効
　　　　　 ②投資が利子非弾力的（IS 曲線垂直）×無効　◎きわめて有効

演習問題 13-1

空欄に適当な語を埋めなさい。

　初期ケインジアンは ① と ② の状況を想定する。① とは利子率が最低の状態であり，このとき，LM 曲線は ③ となり，金融政策は ④ 効であるが，財政政策は ⑤ 効である。

　② な状況とは投資量が最低限で一定であり，IS 曲線は ⑥ となり，金融政策は ⑦ 効であるが，財政政策は ⑧ 効となる。

解答
①流動性の罠　②投資が利子非弾力的　③水平　④無　⑤有　⑥垂直　⑦無　⑧有

演習問題 13-2

つぎの用語を簡潔に説明しなさい。
（1）流動性の罠
（2）投資が利子非弾力的
（3）初期ケインジアン

解答

（1）流動性の罠とは利子率が最低の状態であり，LM 曲線は水平となり金融政策は無効となるが，財政政策はクラウディングアウトが発生せず，きわめて有効となる。

（2）投資が利子非弾力的とは，利子率が変化しても投資量が変化しないという状態であり，IS 曲線は垂直となり金融政策は無効となるが，財政政策はクラウディングアウトが発生せず，きわめて有効となる。

（3）初期ケインジアンとは初期のケインズ派をいい，世界大恐慌のような深刻な不況を前提とする。具体的には流動性の罠のケースや，投資が利子非弾力的ケースを想定し，金融政策は無効だが財政政策はきわめて有効であると主張する。

索引 INDEX

ア

アダム・スミス 8
アナウンスメント効果 107
安定的 50
インフレギャップ 61
インフレーション 61
　真正—— 61
売りオペ 106

カ

買いオペ 106
外国 8
家計 8
傾き 37
価値尺度機能 78
価値保蔵機能 78
貨幣 77
　——供給 92
　——市場 7
　——需要 86
　——乗数 104
　——の資産需要 89
　——の取引需要 89
完全雇用 97
企業 8
基準貸付利率 107
供給 47
均衡予算 72
銀行
　市中—— 102
　中央—— 7, 8, 101
金融
　——緩和 99, 125
　——政策 97, 125
　——引締め 100, 128
金利
　規制—— 107
　自由—— 107
クラウディングアウト 131
ケインズ 12, 85
限界効率
　資本の—— 40
　投資の—— 40
限界消費性向 37
現金 78
　——預金比率 102
減少関数 82, 88
公開市場操作 106
交換の仲介機能 77
公定歩合 107
国内純生産（NDP） 19
国内総支出（GDE） 25
国内総生産（GDP） 17
国民所得 35, 46
　完全雇用—— 57
　均衡—— 49
　広義の—— 46
国民総所得（GNI） 24
国民総生産（GNP） 24
固定資本減耗 19
古典派 8

サ

債券 79
財市場 7, 33
財政政策 123, 129
サミュエルソン 47
三面等価の原則 25
市場経済 8
失業 11
　自発的—— 57
　非自発的—— 11, 58
　摩擦的—— 57
実質
　——貨幣供給量 92
　——賃金率 29
需要 48
準備率
　支払—— 103
　法定—— 103, 107
乗数 66

──効果　68
　　均衡予算──　72
　　政府支出──　68
　　租税──　70
　　投資──　66
消費　33
　　──関数　36
　　基礎──　36
初期ケインジアン　134
信用創造　104
生産物市場　7, 33
　　──の供給　47
　　──の需要　48
セイの法則　9
政府　8
　　──支出　34, 43
世界大恐慌　11
切片　36
増加関数　44, 86
総需要管理政策　62

タ

超過供給　9
超過需要　9
賃金率　11, 28
　　──の下方硬直性　12
　　貨幣──　28
　　実質──　29
　　名目──　28
デフレギャップ　59
投機　82, 86
　　──的動機　86
投資　33, 38
　　──が利子非弾力的　137
　　──関数　43
取引動機　86

ハ

ハイパワードマネー　102
付加価値　23
物価　14, 28
　　──指数　28
　　──の安定　97
　　──の下方硬直性　14

ベースマネー　102

マ

マクロ経済学　6
マネタリーベース　102
ミクロ経済学　6
名目　28
　　──貨幣供給量　92
　　──賃金率　28

ヤ

有効需要の原理　13, 47, 51
輸出　34, 43
輸入　34, 44
預金　78
　　──創造　104
予備的動機　86

ラ・ワ

利子率
　　確定──　79, 80
　　均衡──　94
　　現実の──　80
流動性　85
　　──選好説　85, 94
　　──の罠　90, 134
ワルラスの法則　83

欧文・数字

GDE（国内総支出）　25
GDP（国内総生産）　17, 35
　　──デフレータ　29
　　名目──　29
　　実質──　29
GNI（国民総所得）　24, 35
GNP（国民総生産）　24, 35
IS 曲線　111
IS-LM
　　──均衡　124
　　──分析　109, 123
LM 曲線　117
NDP（国内純生産）　19
45 度線分析　47

著者紹介

石川秀樹(いしかわひでき)

昭和38年生まれ。上智大学法学部国際関係法学科卒業。筑波大学ビジネス科学研究科経営システム科学専攻修了（MBA）。英国外務省チーブニング奨学生としてロンドン大学Institute of Educationに留学。新日本製鉄株式会社資金部，鋼管輸出部などを経て，現在，サイバー大学IT総合学部教授。

法学部出身の異色エコノミストとして，経済分析，国際金融のコンサルティングなどで幅広く活躍中。北は北海道から南は鹿児島まで，大学・資格学校・公務員研修所などで経済学や経済事情の講義・講演も行なう。

国家公務員I種試験，外務公務員I種試験，CFP（ファイナンシャルプランナー上級資格）などに合格した自らの成功体験に加え，国際ビジネスでの経験談を交えた講義や，数学を用いない日常会話での解説が，受講生の直感に訴えわかりやすいと絶大な支持を集める。

著者のテキストは評判が評判を呼び，22万人を超える読者に愛読されている。その人気は日本にとどまらず，外国語に翻訳され，中国・台湾にも及ぶ。

著書に「試験攻略　新経済学入門塾シリーズ」（中央経済社），「経済学と数学がイッキにわかる!!」（学習研究社）など。

NDC 331　　142 p　　21 cm

単位が取れるシリーズ(たんいがとれる)

単位が取れるマクロ経済学ノート(たんいがとれるけいざいがく)

2009年6月10日　第1刷発行
2024年8月19日　第10刷発行

著　者	石川秀樹(いしかわひでき)
発行者	森田浩章
発行所	株式会社　講談社
	〒112-8001　東京都文京区音羽2-12-21
	販売　(03)5395-4415
	業務　(03)5395-3615
編　集	株式会社　講談社サイエンティフィク
	代表　堀越俊一
	〒162-0825　東京都新宿区神楽坂2-14　ノービィビル
	編集　(03)3235-3701
印刷所	株式会社KPSプロダクツ
製本所	株式会社国宝社

落丁本・乱丁本は，購入書店名を明記のうえ，講談社業務宛にお送りください。送料小社負担にてお取替えします。なお，この本の内容についてのお問い合わせは講談社サイエンティフィク宛にお願いいたします。定価はカバーに表示してあります。

Ⓒ Hideki Ishikawa, 2009

本書のコピー，スキャン，デジタル化等の無断複製は著作権法上での例外を除き禁じられています。本書を代行業者等の第三者に依頼してスキャンやデジタル化することはたとえ個人や家庭内の利用でも著作権法違反です。

JCOPY ＜(社)出版者著作権管理機構　委託出版物＞

複写される場合は，その都度事前に(社)出版者著作権管理機構（電話03-5244-5088, FAX 03-5244-5089, e-mail: info@jcopy.or.jp）の許諾を得てください。

Printed in Japan

ISBN 978-4-06-154478-9

講談社の自然科学書

単位が取れるミクロ経済学ノート

石川秀樹・著　A5判　150頁　ISBN978-4-06-154477-2
定価 2,090 円 (税込)

わかりやすい！

内容紹介

単位がやばい…という学生必携の一冊！「経済学入門塾シリーズ」で有名な石川秀樹先生がマクロのコツをていねいに解説。これで単位も大丈夫。

目次
- 講義 01　限界効用理論
- 講義 02　無差別効用理論
- 講義 03　所得の変化と消費
- 講義 04　価の変化と消費
- 講義 05　完全競争企業の生産行動
- 講義 06　損益分岐点と操業停止点、供給曲線
- 講義 07　市場均衡と安定性
- 講義 08　完全競争企業の長期均衡
- 講義 09　独占企業の生産行動、価格差別
- 講義 10　ゲーム理論
- 講義 11　余剰分析
- 講義 12　外部効果
- 講義 13　公共財
- 講義 14　逆選択・モラルハザード

絵でわかるミクロ経済学　茂木喜久雄／著	定価 2,420 円
絵でわかるマクロ経済学　茂木喜久雄／著	定価 2,420 円
試験対応 新・らくらくミクロ経済学入門　茂木喜久雄／著	定価 2,420 円
試験対応 新・らくらくマクロ経済学入門　茂木喜久雄／著	定価 2,420 円
試験対応 新・らくらくミクロ・マクロ経済学入門 計算問題編　茂木喜久雄／著	定価 2,420 円
世界一わかりやすいミクロ経済学入門　小島寛之／著	定価 2,420 円
経営・商学のための統計学入門　竹内広宜／著	定価 2,750 円
社会科学のための統計学入門　毛塚和宏／著	定価 3,080 円
JASP で今すぐはじめる統計解析入門　清水優菜・山本 光／著	定価 3,080 円
予測にいかす統計モデリングの基本　樋口知之／著	定価 3,080 円
新版 ファイナンスの確率解析入門　藤田岳彦／著	定価 3,520 円
ブロックチェーン技術概論　山崎重一郎・安土茂亨・金子雄介・長田繁幸／著	定価 3,520 円
ライブ講義 大学 1 年生のための数学入門　奈佐原顕郎／著	定価 3,190 円
できる研究者の論文生産術 どうすれば「たくさん」書けるのか　ポール・J・シルヴィア／著　高橋さきの／訳	定価 1,980 円
できる研究者の論文作成メソッド 書き上げるための実践ポイント　ポール・J・シルヴィア／著　高橋さきの／訳	定価 2,200 円
金融英語の基礎と応用　鈴木立哉／著	定価 3,850 円
英語論文ライティング教本　中山裕木子／著	定価 3,850 円

※表示価格には消費税(10%)が加算されています。　　2024 年 4 月現在

講談社サイエンティフィク　https://www.kspub.co.jp/